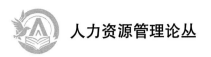
人力资源管理论丛

本书为2023年江西省哲学社会科学重点研究基地项目"绿色城镇化推进的机制、路径与对策建议"（编号：23ZXSKJD32）、江西省社会科学院生态文明与生态经济重点学科研究成果

人力资本外部性与城市化研究

陈思怡　著

WUHAN UNIVERSITY PRESS
武汉大学出版社

图书在版编目(CIP)数据

人力资本外部性与城市化研究／陈思怡著．-- 武汉：武汉大学出版社，2024.12.-- 人力资源管理论丛．-- ISBN 978-7-307-24571-6

Ⅰ.F249.21

中国国家版本馆 CIP 数据核字第 2024R7K585 号

责任编辑:田红恩　　　责任校对:汪欣怡　　　版式设计:马　佳

出版发行:**武汉大学出版社**　　(430072　武昌　珞珈山)

（电子邮箱：cbs22@ whu.edu.cn　网址：www.wdp.com.cn）

印刷:武汉邮科印务有限公司

开本:720×1000　　1/16　　印张:13.5　　字数:187 千字　　插页:1

版次:2024 年 12 月第 1 版　　2024 年 12 月第 1 次印刷

ISBN 978-7-307-24571-6　　定价:68.00 元

目　　录

第1章　绪论 …………………………………………………………… 1

1.1　研究背景 ………………………………………………………… 1

1.2　研究意义 ………………………………………………………… 3

1.3　研究目的、框架、逻辑与方法 ………………………………… 6

1.4　概念界定 ………………………………………………………… 12

第2章　人力资本外部性的理论发展及其启示 ……………………… 17

2.1　人力资本外部性理论的发展与主要内容 ……………………… 17

2.2　人力资本外部性的实证研究：量化 …………………………… 21

2.3　人力资本外部性的实证研究：理论运用 ……………………… 23

2.4　人力资本外部性理论的启示 …………………………………… 27

第3章　人力资本外部性视角下城市化的形成 ……………………… 30

3.1　劳动者流入城市部门的动力——劳动生产率的生成 ………… 31

3.2　城市就业岗位的创造——产业的规模经济 …………………… 40

3.3　劳动要素集聚的动力 …………………………………………… 46

3.4　小结 ……………………………………………………………… 48

第4章　人力资本外部性与微观劳动生产率 ………………………… 51

4.1　引言 ……………………………………………………………… 51

4.2 人力资本外部性、劳动要素集聚与城市化相关研究··········· 52

4.3 人力资本外部性视角下劳动要素集聚形成机制的解释······· 56

4.4 微观劳动生产率形成机制的实证考察···················· 59

4.5 小结·· 71

第5章 产业、人力资本外部性与现代部门劳动需求··········· 73

5.1 引言·· 73

5.2 现代化产业发展与城市化关系的理论概述·············· 75

5.3 人力资本外部性视角下产业现代化对城市化的作用······· 81

5.4 人力资本外部性视角下产业现代化与城市化的关系······· 85

5.5 城市化中现代部门有效劳动需求形成逻辑的再探讨········ 95

5.6 小结·· 97

第6章 分工、人力资本外部性与劳动要素集聚················ 100

6.1 引言··· 100

6.2 分工、人力资本外部性与劳动要素集聚的研究概述······· 101

6.3 分工及其在劳动要素集聚中的作用···················· 111

6.4 分工、人力资本外部性与劳动要素集聚的实证分析······· 115

6.5 城市化中劳动要素集聚动态演进逻辑的再阐述··········· 120

6.6 小结··· 123

第7章 人力资本外部性与城乡二元一体化···················· 126

7.1 引言··· 126

7.2 人力资本外部性与传统部门劳动供给理论概述·········· 127

7.3 人力资本外部性视角下传统部门劳动供给形成的机制····· 131

7.4 传统部门劳动供给影响因素的实证···················· 138

7.5 传统部门劳动要素供给演变规律的再思考··············· 147

7.6 小结··· 150

第 8 章　人力资本外部性视角下城市化与工业化互动…………… 152

　8.1　引言 ……………………………………………………………… 152

　8.2　人力资本外部性视角下工业化与城市化互动理论 ………… 153

　8.3　工业化进程中城市化发展的规律 …………………………… 158

　8.4　城市化与工业化关系的实证分析 …………………………… 161

　8.5　小结 ……………………………………………………………… 170

第 9 章　人力资本外部性与城市化的有序推进………………… 173

　9.1　管理部门在城市化中起的作用 ……………………………… 173

　9.2　城市化有序推进的对策 ……………………………………… 180

第 10 章　结论 ……………………………………………………… 193

参考文献……………………………………………………………… 198

图 表 目 录

图 1-1 全书框架图 ………………………………………… 9

图 3-1 人力资本外部性作用下的劳动力市场均衡态演变图 ……… 47

图 4-1 人力资本外部性作用发挥的机制图 ……………… 59

图 5-1 现代部门有效劳动需求形成逻辑图 ……………… 81

图 5-2 人力资本与第二产业就业占比散点图 ……………… 91

图 5-3 人力资本与服务业就业占比散点图 ……………… 91

图 5-4 人力资本与人力资本外部性的散点图 ……………… 93

图 5-5 第三产业比较劳动生产率与人力资本外部性的散点图 …… 94

图 6-1 劳动要素集聚形成逻辑图 ………………………… 110

图 7-1 传统部门有效劳动供给生成机制图 ……………… 137

图 7-2 传统部门有效劳动供给图 ………………………… 140

图 8-1 市区总人口(对数)与第三产业就业份额减产值份额
        散点图 ……………………………………………… 162

图 8-2 市区总人口数(对数)与第二产业就业份额减产值份额
        散点图 ……………………………………………… 163

图 8-3 人均地区生产值(对数)与第三产业就业份额减产值
        份额散点图 ………………………………………… 165

图 8-4 人均地区生产值(对数)与第二产业就业份额减产值
        份额散点图 ………………………………………… 165

图 8-5 市区人口数(对数)核密度图 …………………… 170

图 8-6　工业生产值(对数)核密度图 ·············· 170

表 4-1　人力资本外部性作用机制研究的变量介绍 ············· 61
表 4-2　人力资本对个体劳动者收入的回归分析 ············· 62
表 4-3　人力资本对个体劳动者教育回报率的回归分析 ········· 63
表 4-4　人力资本对不同性别的个体劳动者收入的回归分析 ······· 67
表 4-5　人力资本对不同户籍的个体劳动者收入的回归分析 ······· 68
表 4-6　人力资本对不同学历的个体劳动者收入的回归分析 ······· 69
表 4-7　人力资本对不同生命周期的个体劳动者收入的回归分析 ··· 70
表 5-1　现代部门劳动需求数量影响因素的回归分析 ·········· 88
表 6-1　人力资本、产业专业化与劳动要素集聚的回归分析 ······· 117
表 6-2　人力资本、创新活动与劳动要素集聚的回归分析 ········ 118
表 6-3　人力资本、对外贸易依存度与劳动要素集聚的回归
　　　　分析 ··· 118
表 6-4　人力资本、市场范围与劳动要素集聚的回归分析 ········· 119
表 7-1　传统部门人力资本对二元经济一体化的回归分析 ········ 144
表 7-2　经济单元人力资本对二元经济一体化的回归分析 ········ 145
表 8-1　工业化对城市化的作用机制的回归分析 ············· 168
表 8-2　城市化对工业化的作用机制的回归分析 ············· 169

第1章 绪 论

1.1 研究背景

在经济发展中，城市规模扩大、城市产业多元、城市经济重要性提升，城市经济出现新的特点。其一，以高新技术产业为依托发展城市经济是城市规模扩大的源泉，是城市竞争力提高的关键。比如，大湾区城市利用良好的地理位置优势，以国际高新技术成果交易会为平台，着眼于"新一代信息技术、节能环保、光电显示、智慧城市、先进制造、航空航天"等前沿科技的成果，以高新技术产业为核心发展城市经济。[①]又如，中部地区的经济发展也不再局限于资源禀赋的开发，而是以"超高速列车、超级计算机……工程机械、轨道交通、汽车零部件等"为产业发展的内容。[②] 具有较高技术含量与附加价值的产业是现代城市发展的方向。其二，城市之间形成联系网络，不同城市之间开展合作，是发展市经济的主要途径。比如，成渝城市群提出"战略协同和规划衔接、生态环境联防联治、基础设施互联互通、开放通道和平台建设、区域创新能力提升、市场一体化发展、公共服务一体化发展、合作平台优

---

① http：//www.gov.cn/xinwen/2019-11/13/content_5451454.htm.

② http：//www.gov.cn/xinwen/2019-08/28/content_5425216.htm.

化提升"的发展目标。① 经济联系密切的城市间调剂余缺，相互补给，以实现整体的城市发展。其三，城市间以资金、信息、知识、人才为纽带，提高经济联系的效率。比如，长株潭城市群以"半小时交通圈"为依托，城市内部"要素和平台不断集聚碰撞"，以集聚的方式实现城市的发展。② 在现代通信技术发展的条件下，在物流设施改善的过程中，城市经济联系性增加，在更大的空间范围内部实现要素流动、共享、合作。其四，地域上相近的城市发挥所长、互通有无、共享资源，组合成规模更大、效率更高的城市经济形态。比如，长江三角洲内部的城市，以交通基础设施为依托，"区域一体化省际互联互通正迈向'无缝衔接'"，以合作的方式实现进一步发展。③ 其五，依托于互联网技术，现代服务业是城市经济的活力所在。以"释放生命活力、助力美好生活"为目的的体育产业④、衍生于快节奏生活的家政服务业、人口老龄化背景下的养老服务业皆成为城市经济的有机构成部分。在经济发展、技术进步的条件下，城市经济新特点，即创新发展、联系密切、效率改进、产业优化，是城市化推进的新机遇。

城市化过程可以视作劳动要素的动态分布问题、劳动要素的规模问题、现代部门内部劳动要素优化配置问题的综合。从某一个角度说，城市化正是研究劳动要素的优化配置以实现经济发展的议题。研究城市化问题的角度多样，学者们探讨城市化的产生原因、形成机制、经济效果，从社会学、地理学、经济学等角度展开了广泛的研究与探讨，不同研究视角下城市化现象的理论基础、观察重点、研究方法不同，由此得出的理论启示及其对现实生活的指导意义存在不同。

本书对城市化问题的研究聚焦于劳动力集聚现象。源于劳动者实现美好生活的愿望、市场主体提高竞争力的需要、管理部门增加社会福利

---

① http://www.gov.cn/xinwen/2019-07/12/content_5408701.htm.
② http://www.gov.cn/xinwen/2019-08/28/content_5425216.htm.
③ http://www.gov.cn/xinwen/2019-03/28/content_5377643.htm.
④ http://www.gov.cn/zhengce/2019-08/27/content_5424786.htm.

的目标,劳动要素在城市内部集聚是现代经济中城市化的主要内容。在经济发展的现阶段,以集聚为内容的劳动力流动方向与空间分布,是经济规律起作用的结果,是符合经济效益最大化原则的资源配置模式。劳动力集聚现象是一个动态的过程,关于集聚问题的研究视角主要从集聚的定性描述、定量测度、效果评价、时间纵向或空间横向的比较切入,但鲜少有对劳动力集聚现象形成原因的深入探讨,本书则聚焦于劳动要素集聚现象的动力机制问题。研究集聚现象动力机制问题的角度包括城市经济学、区域经济学视角,本书主要从劳动经济学的视角分析集聚现象的形成机制。本书以人力资本外部性理论为基点,依托于经济发展的现阶段客观实际,探究城市化的动力机制问题,目的在于判断我国城市化发展的阶段特征,探寻推动我国城市化进一步发展的有效途径,为制定城市化发展战略及相关政策提供理论参考。

1.2 研究意义

城市化的推进在经济生活中具有重要的作用。城市化的动力机制问题一直是经济学研究的重点。城市化现象是一系列复杂问题的综合。从不同侧面出发所研究的城市化动力机制问题,具有不同的内涵。为了能够系统研究城市化的动力机制问题,本书将目光投向微观劳动者的行为选择、微观劳动生产率的生成等方面,从微观视角分析城市化的动力机制问题。这是城市化问题研究的一个新视角。

1. 理论意义

劳动要素集聚与现代部门有效劳动需求形成是现代经济生活中城市化的具体现象。城市化成因涉及的经济学理论不同,目前还没有建立一个统一的分析框架将城市化的动力机制问题相关观点整合起来。本书则以劳动者个体行为选择为基础，系统地研究城市化动力机制问题，以期建立一个完整的城市化动力机制研究分析框架。目前关于城市化动力机制的研究在不同的经济学著作中有所体现，但理论观点较为分散，还没有形成系统的理论。本书以人力资本外部性理论的内容为依托，揭示人力资本在城市化中的作用。具体为，经济单元人力资本储量所形成的知识外溢，有助于微观劳动生产率提高，形成以人力资本储量为基础的劳动要素集聚单元；现代服务业发展、专业化制造业发展、传统部门生产效率提高有助于人力资本外部性作用发挥，促进现代部门有效劳动需求的形成与劳动要素集聚；城市化在促进知识外溢与创新的条件下，实现工业化发展；工业化在促进现代服务业发展与制造业专业化的条件下，形成城市化。在探讨产业发展在城市化中的作用时，分别对服务业、工业与农业进行分析。服务业、工业、农业与人力资本外部性皆存在着相互作用关系，具体的作用机制存在区别。服务业与人力资本外部性相互作用机制的关键在于，集聚所产生的知识外溢，是现代服务业发展的源泉，而服务业发展也是人力资本外部性作用发挥与劳动要素集聚的动力。工业与人力资本外部性相互作用机制的关键在于，集聚所产生的分工、专业化，是现代工业发展的关键，而分工专业化也是人力资本外部性作用发挥与劳动要素集聚的主要动力。农业与人力资本外部性的相互作用机制的关键在于，集聚所产生的创新与技术对于农业生产活动的补给，是农业发展的关键，而现代化农业的发展，是传统部门人力资本外部性作用发挥的有利条件，有助于传统部门劳动供给的形成，缩小传统部门与现代部门生产效率的差异，促进城乡融合。用集聚的方式发展现代服务业，用分工的方式发展现代工业，用技术进步的方式发展现代农业。城市化中劳动要素集聚所形成的人力资本外部性，有助于提高农业、工业、服务业劳动生产率，优化产业结构，增加经济体的总供给。

2. 现实意义

认识城市化的动力机制，探寻经济体城市化整体推进的有效路径，优化城市化的经济价值是研究的意义所在。其一，正确认识经济发展过程中劳动要素流动与空间动态分布现象。对城市化中劳动要素流动趋势的形成与城市化发展的方向进行一个判断。其二，在掌握经济规律的基础上为实践工作提供有益的支持。一是，城市化作为经济生活中的重要现象，宏观产业政策的制定，户籍、土地、社保制度的设计与城市化推进之间存在密切的联系。政策的制定与制度的设计涉及每个劳动者的切身利益，成为城市化水平提高与质量提升的重要影响因素。预见微观劳动者的行为选择与目标期待，根据经济发展的客观现实，掌握城市化发展规律，通过制度的设计与政策的制定对经济生活稍加调节，为速度适当、方向合理、秩序井然的城市化提供有益的支撑。二是，经济体是由传统部门与现代部门构成，也是由不同城市构成的有机整体。城市之间存在广泛的联系性，不同的城市在经济生活中扮演的角色也存在不同。城市化动力机制问题的研究，为把握不同类型城市规模、效率的发展规律，制定差异化的城市发展规划，合理定位各城市的相对优势，寻求经济体发展提供新的思考角度。其三，对充分激发劳动者的创造活力提供有益的启发。劳动者是经济生活中最为活跃的生产要素，劳动生产率是经济整体价值创造的基础。本研究说明，外部经济环境与劳动者人力资本禀赋相契合是劳动生产率提高、劳动者主观能动性发挥的基础与前提。引导具有不同人力资本禀赋的劳动者在适宜的城市环境中从事生产活动是目前调动劳动者积极性的重要方面。其四，为促进经济体工业化与城市化协调发展提供新的思路。以工业化与城市化的协调发展为依托，提高经济运行效率是经济工作的重点。但如何协调工业化与城市化的关系是一个有待于思考的现实问题。劳动要素的空间分布合理化对于工业化与城市化的协调发展起到重要的作用。在技术进步与生产工艺更新的过程中，劳动要素不同的空间组合形式，将产生不同的经济效果。形成一种有助于人力资本外部性作用发挥的劳动要素空间布局模式，是推进城市化与工业化协调发展的重要内容。

城市化动力机制问题研究是对于现实生活中经济现象的理论概括，是对未来的城市化发展方向的理性判断。本书的研究意义在于，从实践中抽象出一些新的思想以丰富经济学的理论知识，将新的理论知识用于指导城市化的实践，为现实生活中城市化的相关政策与措施的制定提供有效的指导。

1.3 研究目的、框架、逻辑与方法

为阐述城市化的动力机制问题，本书建立了一个涵盖人力资本外部性理论综述、人力资本外部性视角下城市化的形成、人力资本外部性与城市化的关系、人力资本外部性视角下工业化与城市化互动、管理部门在城市化中作用发挥的分析框架。本书逻辑为，从文献中提炼出人力资本外部性理论的内涵，将人力资本外部性理论应用于城市化动力机制的分析，再提炼出工业化与城市化的互动理论，并将理论用于指导管理部门的实践。

1. 研究目的

本书是关于人力资本在城市化中作用的系统研究，以探究城市化动力机制问题，对城市化中劳动要素集聚的空间动态分布趋势作出解释。将城市化抽象化为劳动要素以自身效益优化为目标，从传统部门向现代部门、从分散的现代部门向集中的现代部门流动的过程。将城市化动力机制问题的分析集中于，探究传统部门与现代部门之间、分散的现代部门与集中的现代部门之间劳动要素生产率差异形成的原因。从劳动要素

集聚、现代部门有效劳动需求与劳动生产率提高的角度研究城市化的动力机制。研究城市化的动力机制问题，为预测劳动要素动态流动趋势提供理论依据，为认识城市化中劳动要素动态流动规律提供理论支持，为管理部门制定符合劳动者期待的产业、户籍、社保制度以保障劳动要素的有序集聚与城市化提供理论支撑。

城市化中劳动力流动符合个人效益优化的目标，劳动要素的空间布局符合产业结构优化的目标。现阶段，经济发展的潜力在于产业结构的优化，城市化中的劳动要素空间布局是产业结构优化的内生变量，是服务于经济发展目标的。源于城市化中劳动者个人效益实现增加，城市化可在劳动者自发的行为中顺利进行。城市化可以解决供给与需求不足的问题，促进产业体系升级，是产业结构优化与经济发展的必由之路。城市化中劳动要素在经济单元内部的集中分布，是需要一些前提条件的。其中劳动者的高素质属性是劳动要素集聚产生规模收益递增的前提条件。若劳动者的素质难以形成创新，即使有大量的劳动要素在经济单元内部聚集，将难以产生规模收益递增。高素质劳动要素集聚、现代化产业发展与分工专业化的生产环境是人力资本外部性作用发挥的良好土壤。高素质劳动力的聚集有助于现代化产业发展与分工专业化，促进以知识外溢与创新为形式的人力资本外部性作用的发挥，进而提高城市内部劳动生产率，提高现代部门劳动要素需求与劳动要素规模递增效益，从而形成城市化。

2. 研究框架

从理论、实证与应用三个角度研究人力资本在城市化形成中的作用，完整地阐述人力资本外部性理论与城市化动力机制的主要内容。其一，理论分析。第二章通过文献的整理，得出人力资本在城市化中的作用主要通过人力资本外部性效应体现出来。源于人力资本外部性作用的存在，劳动力所处的经济环境、人力资本的知识外溢效应的不同，劳动生产率大小亦存在不同；源于人力资本的集聚效应的存在，城市的劳动要素规模、产业结构、城市生产效率之间产生了内在的联系性。第三章利用经济学的基础知识，将人力资本外部性理论具体化，得出城市化形成的具体机制。其二，实证分析。通过层层深入，第四章分析人力资本在微观劳动者收入中的作用，得出现代部门较高的人力资本水平对劳动力具有较高的吸引力的结论。但是吸引力大是否就意味着现代部门劳动力数量大呢？第五章则是对于第四章结论的进一步验证，通过对不同城市的现代部门劳动就业数量与人力资本的相关性分析，得出确实城市内部人力资本水平越高，现代部门的就业数量越大。同时，也进一步得出，城市内部的现代服务业发展在现代部门有效劳动需求形成中具有重要的作用。但是现代部门有效劳动需求增加是否就一定意味着经济单元走向现代化的能力增加呢？第六章则对这个问题进行探索，发现经济单元的人力资本确实与经济单元现代部门所占份额正相关，而其中经济单元的分工专业化程度对劳动要素集聚的影响较大。但是经济单元中现代部门劳动力数量所占份额的提高并不一定意味着城市化的良性状态。如果现代部门的发展、劳动生产率的提高与劳动力数量的增加是以传统部门劳动生产率的降低为代价的，那么，这种城市化是不可持续的，起不到增加整体福利的作用。城市化，作为人类追求福利增加的一个途径，应该是造福于所有劳动者的。为此，第七章进一步分析经济单元人力资本与经济单元内部传统部门和现代部门劳动生产率差异的关系，传统部门和现代部门人力资本水平的提高皆有助于提高传统部门劳动者的收入水平，增加传统部门劳动者收入增长的幅度，缩小城乡收入差异。有一种观点认为，工业化一定伴随着城市化水平的提高，但本书并不这么认为，本书指出，工业化水平提高与城市化推进之间需要一些联系条件。第八章详细阐述了，工业化水平提高，在促进现代服务业发展和分工的条件下，推进城市化；而城市化的推进，在促进人力资本外部性作用发挥的条件下，提高工业化的水平。其三，应用分析。第九章指出市场经济活动的一些不足决定了管理部门应履行其调配公共资源、制定公共政策的职能。而我国现在的经济发展阶段决定了管理部门作用发挥的有限性，即其作用主要在于保障市场经济的运行，实现资源要素配置的市场化与合理化，进而促进城市化发展。依据城市化良性推进的原则，提出了相应的对策措施。第十章给出全书的结论。

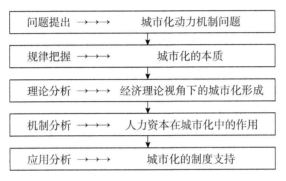

图 1-1　全书框架图

3. 研究逻辑

经济发展现阶段中，城市化是一个重要的经济现象。城市化既是经济发展的趋势与方向，也是经济增长的潜力所在。为了研究现代经济中城市化的形成原因，第二章通过文献搜集与分析发现，人力资本外部性理论的完整内涵可以解释现代经济中城市化的形成机制。第三章根据人力资本外部性理论的基本内涵，结合经济学理论的基本知识，试图探讨城市化中劳动力在空间范围内部不同部门间流动的动力之所在，进而勾勒城市化动力机制的逻辑全貌。人力资本外部性理论的主要内容在于人力资本的知识外溢效应与集聚效应两方面内容。其中，第四章主要是对于人力资本的知识外溢效应的具体表现进行分析，即经济单元的人力资本储量对于微观劳动生产率存在的知识溢价。在探讨城市化的概念时，对于城市化的水平与质量进行了较为全面的剖析。第五章中的现代部门劳动要素数量是一个绝对的概念，主要强调的是现代部门内部规模递增效益的形成。如果一个经济单元的现代部门劳动力数量增多，但现代部门劳动力数量在整个经济单元中所占的份额依然较小，不能说明城市化水平的提高。为此，第六章引入了一个相对的概念——现代部门人口占比，即现代部门在整个经济单元中的份额，强调的是整个经济单元内部的劳动要素的集聚程度。如果一个经济单元的现代部门人口占比增大，但传统部门与现代部门的经济效率差异不仅没有缩小反而是拉大了，也不能说明城市化质量的提高。为此，第七章引入了现代部门与传统部门的收入比值这样一个相对的概念，是传统部门与现代部门在生产效率方面的接近程度，强调的是城市化中传统部门的发展程度。这三个指标层层递进，较为全面地反映了经济单元城市化的水平与质量。具体来说，第五章至第六章，再到第七章存在层层递进的关系。首先，因变量(城市化)的概念层层递进。从现代部门劳动力数量到现代部门在整个经济单元中的份额，再到传统部门与现代部门在生产效率方面的接近程度。其次，中介变量(产业)的概念层层递进。从服务业到工业，再到农业。最后，理论基础(人力资本外部性理论中的人力资本集聚效应内容)的层层递进。从人力资本的创新效应(不断生成新的服务产品的能力)到规模经济效应(提高分工效率的能力)再到技术生成效应(提高农业生产效率的能力)。既然人力资本外部性的经济效果在于劳动生产率溢价、农业、工业、服务业发展，那么人力资本外部性在工业化中具有重要的作用。可以这么说，从实质的角度来说，人力资本外部性的经济效果在于工业化的推进；而从形式的角度来说，人力资本外部性的经济效果在于城市化的推进。由此，源于人力资本外部性的存在并发挥作用，城市化与工业化的互动关系有了更深一层的含义。第八章是人力资本外部性视角下的工业化与城市化互动的新认识。为了让城市化的经济效果发挥得更好，维护与保障城市化动力机制的不断生成是管理部门所需要思考的问题。第九章围绕着管理部门在城市化运行中的作用方向与具体对策进行了探讨。以管理部门在信息获取和调控微观经济行为方面所存在的天然优势，管理部门以社会整体效益优化的目标追求以及我国目前产业发展所处的阶段，提出管理部门主要起到保障城市化顺利进行的角色。本书从多个角度、层次展开分析城市化的动力机制问题之后，第十章再次明确了本书的观点，即人力资本所具有的外部性作用在推进城市化中具有重要作用。人力资本所具有的知识外溢、集聚属性，在提升微观劳动生产率、优化产业结构、形成现代部门劳动要素规模递增效益、提高现代部门劳动份额、增加传统部门生产效率中皆具有重要的作用，由此勾勒出了城市化动力机制的主要内容。

4. 研究方法

为了系统分析人力资本在城市化中的作用，本书从分析微观劳动者的生产效率、经济单元劳动力数量的影响因素入手，依托于已有的文献资料、经济理论、经济实践进行定性与定量方面的综合研究。其一，基于文献探寻规律的研究。以中外关于人力资本外部性及其在城市化中的作用文献为基础进行研究。从文献中提炼出人力资本外部性理论的内涵、特征与分类、量化与实证应用，从而厘清从人力资本外部性到城市化的传导机制。从不同的关于人力资本外部性的文献中，提炼出人力资本外部性理论的内涵，即以集聚为内容的劳动要素合理布局是劳动生产率提高与全要素生产率增加的途径。可见，文献中关于人力资本外部性的论述，提炼出来的人力资本外部性理论内涵，是对"如何通过要素的合理配置实现经济发展"经济学基础问题的回答。其二，基于理论的把握规律研究。以劳动经济学、城市经济学的基础知识为依托，以人力资本外部性理论为基点，分析人力资本外部性在劳动要素集聚、现代部门有效劳动需求与劳动力市场总供给增加中的作用。人力资本外部性理论的观点，为劳动生产率形成、产业规模递增属性、劳动力市场需求增加，提供了经济学的新视角，增加了经济理论对现代经济中城市化各种现象的解释力度。其三，基于数据的认识规律研究。以劳动者的个体选择为切入点，以宏观统计数据与微观调查数据为基础，分析宏观环境的经济变量与微观劳动生产率之间的内在联系。在不同的经济发展阶段上，城市的人力资本储量、产业构成、现代部门劳动要素需求数量与城乡二元一体化等指标存在不同。通过分析城市各经济指标的联系，通过散点图的分布特征将城市经济变量间的相关性展现出来，探究城市化的驱动力量。需要说明的是，散点图的优势在于全面展示变量的分布状态，且不会遗漏特殊变量。具有极值特征的散点在经济现实分析中意义重大。特殊值并不是影响经济变量相关性的样本，而是说明经济变量之间相关性的样本，特殊值的存在说明经济现象的客观存在，探寻特殊值的经济内涵具有广泛的理论意义。

在研究城市化动力机制问题时，本书提炼了经济学理论中的观点，结合现实生活中的城市化实践，运用了经济学的分析方法，对于理论结论进行验证。从人力资本外部性理论入手，分析不同经济发展阶段上的城市化具体表现的不同，进而全面探究城市化的动力机制问题。

1.4 概念界定

为了分析城市化的动力机制问题，书中将出现一些频率较高的概念。准确界定这些概念的内涵，对于理解城市化动力机制问题具有重要作用。概念界定来自两个方面，一是词语本身的意思，二是文本语境下所赋予的新的内涵。

1. 人力资本外部性

人力资本外部性的定义为：个体人力资本在影响自身生产力的同时，也影响着与之相联系的其他劳动者的生产力。劳动者地理距离的接近会促进外部性作用程度的加深，从而使整个组织与区域的生产力提高。人力资本外部性的具体内涵包括，一是空间范围内劳动要素密度越大、交流频率越高、联系越密切，人力资本的知识外溢效应越大；二是现代部门内部产业现代化、分工细化程度越高，创新与生产效率生成能力越大，人力资本的集聚效应越大；三是高素质劳动者的集聚是人力资本外部性作用发挥的土壤。人力资本外部性作用的发挥是工业化与城市化协调的纽带。人力资本外部性作用的大小是指知识外溢水平的高低与劳动要素集聚的程度。二者是相互促进的关系。劳动要素的集中分布有助于知识外溢的产生，而知识外溢的形成有助于个体劳动生产率的提高与收入的溢价，进而吸引外部劳动要素的到来并形成集中分布的状态。

2. 产业现代化

产业现代化是指多样化的现代服务业发展、专业化的工业发展与传统产业效率的提高。产业现代化是衡量工业化程度的一个指标。经济单元的资源禀赋条件、外部经济环境、内部技术条件不同，其产业现代化发展程度与潜力亦存在不同。产业的发展潜力取决于产品、工业与服务业的属性。产品创新、工业比较优势形成、服务业经济价值的实现是产业现代化的标志。产业走向现代化的表现在于，一是现代服务业的发展与现代部门就业岗位创造；二是分工、产业专业化与经济单元的工业走向现代化；三是带动传统产业发展，推动经济单元走向均质化。产业现代化是现代部门劳动要素规模扩大与劳动要素集聚的有利条件。而劳动要素在城市内部的集聚是促进产业现代化的必备条件。产业现代化是工业化的实现途径，与城市化存在互动联系。一种有助于产业现代化的城市化模式是具有效率的模式，另一种有助于城市化推进的产业体系是具有现代化特征的产业体系。

3. 经济单元

经济单元是指劳动要素集聚且生产活动联系紧密的地域单元与空间

范围。经济单元是城市化中劳动要素集聚的载体，是城市化有序推进的经济效果。具体地，经济单元是指省或城市。经济单元规模大小不一、集聚程度不同，是产业布局、劳动者生产活动的主要载体。源于生产活动的联系性，经济单元具有一定的辐射力，对传统部门劳动要素具有相对的吸引力。辐射力与吸引力是空间距离的减函数。在一定的经济单元内部，劳动要素集聚度越高、劳动者素质越高、劳动者职业越多元，越有助于人力资本外部性作用的发挥。经济生活中形成经济单元规模梯度分布的格局是经济发展的内在要求，是产业进一步发展的有利条件。经济生活中形成规模不同的经济单元是经济规律起作用的结果，也是城市化的具体表现。经济单元的规模是产业的函数，是高素质劳动者的函数。经济单元劳动要素规模的扩大是城市化推进的重要内容。

4. 城市化

城市化是经济体中生产活动与劳动力向现代部门集中的过程，是现代部门产业规模扩大与人口数量增加的过程。而现代部门经济活动的发展与劳动要素规模的增加是相互联动、相互促进的关系。[1] 本书中的城市化具体指，一是现代部门劳动力增加；二是现代部门劳动力在经济单元中的比重、份额提高；三是现代部门与传统部门劳动生产率或收入差异的缩小；四是劳动生产率的提高。其中，现代部门劳动力增加反映现代部门发展对劳动要素的容纳力；现代部门与传统部门的劳动要素数量对比反映了经济单元的现代化程度；现代部门与传统部门劳动生产率或收入的对比反映了经济单元的均质化程度。现代部门劳动要素数量是一个绝对的概念，主要强调的是现代部门内部规模递增效益的形成。而现代部门占比是一个相对的概念，现代部门在整个经济单元中的份额，强

---

① "城市化是指城市经济形成与发展，引发农村劳动力和人口、经济活动向城市聚集，进而导致以城市为主导的经济结构和空间结构转换的过程。"参见《城市经济学原理》，张敦富主编，中国轻工业出版社，2005 年版，第 4 页。

调的是整个经济单元内部劳动要素集聚的程度。现代部门与传统部门收入对比是一个相对的概念，是传统部门与现代部门在生产效率方面的接近程度，强调的是城市化中传统部门的发展程度。城市化中的启动力量经历了从现代部门对劳动要素容纳力到现代部门在整个经济单元中比重的提高，到经济单元内部传统部门的奋起直追与现代部门对传统部门的反哺，再到推动现代部门与传统部门走向均质化的变化。其中，现代部门是指以机器设备、劳动者智力与脑力为主要生产要素的制造业、服务业。现代部门有效劳动需求是指在给定的技术条件下，现代部门生产活动顺利进行所必需的劳动要素数量。在资源要素自由流动的条件下，现代部门形成有效劳动需求时，将会吸引外部劳动要素流入，以弥补现代部门劳动供给的不足，从而形成大规模的劳动要素流动过程。可见，现代部门有效劳动需求的形成是城市化的起点，是劳动要素集聚的内驱力。

5. 动力机制

在物理学的语境下，力是指"改变物体运动状态的作用"①。动力是指起到这种改变物体运动状态作用的力量。机制则是指物体运动状态发生改变的步骤及其规律性。可见，自然科学领域中的动力机制是指起到改变事物运动状态的力量，其作用发生的原理及其规律性。而系统论指出，在物体的内部结构与外部环境相互作用下，事物有可能运动与发展。源于理性人的假设，经济学视角下的动力机制着眼点在于，效益优化是劳动者行为选择的驱动力量。而市场活动中劳动者的行为选择，既受其所处的外部环境的影响，也受其自身禀赋、愿望等因素的影响。二者的协同作用，驱动着劳动者的行为选择。城市化动力机制是指，经济生活中劳动等要素从传统部门向现代部门流动的原理及其规律。从劳动

---

① 《汉英大辞典》。

者个体选择的角度看，劳动者从传统部门向现代部门流动的过程，是外部环境的变化与自身禀赋互动的过程，是符合劳动者主观愿望的，可增加劳动者的利益。从经济部门管理者的角度来说，在经济体中劳动要素从分散的传统部门向集中的现代部门流动中，经济体外部环境的变化与内部结构相互作用，可提高经济体的福利，符合经济体发展的目标。于是，无论对于微观劳动者而言，还是管理部门而言，城市化的有序推进是符合效益优化目标的。

第2章　人力资本外部性的理论
发展及其启示

经济学者将外部性看作市场失灵的一个重要原因，认为产权的不清晰以及交易费用所产生的摩擦导致私人收益与社会收益存在差异，主张通过明晰产权与降低交易费用将外部性内部化以实现资源配置的优化（科斯，1999）。人力资本外部性理论是对人力资本理论的内涵式拓展。该理论强调了人的主观能动性与社会属性使得劳动者与周围其他劳动者之间相互影响，个体人力资本投资的私人收益与社会收益不对等是人力资本外部性产生的根源，通过界定人力资本产权可实现人力资本外部性内部化（方竹兰，1998；黄乾，2002）。人力资本外部性理论作为外部性理论的一个分支，是外部性理论的进一步具体化，从人力资本的角度丰富了外部性理论。相对于国外有关人力资本外部性研究的情况看，目前国内对该问题的研究还很不充分。本部分的研究是在文献研究的基础上，梳理了人力资本外部性思想的发展历程以及人力资本外部性量化研究的现状与难点，厘清人力资本外部性内涵，并从人口密度、规模及产业结构的视角分析人力资本外部性与城市发展的循环累积因果关系，以期对我国经济社会发展有所启示。

2.1　人力资本外部性理论的发展与主要内容

人力资本外部性理论是在综合外部性理论与人力资本理论思想的基

础上形成的。其发展过程经历了萌芽、逐渐明晰到具体化三个阶段。人力资本外部性理论的发展意味着，学者在探求经济增长的影响因素过程中，从对物的重视发展到对人的重视；在分析个体人力资本投资经济效益过程中，从对自身影响的思考发展到对他人影响的思考。

1. 人力资本外部性理论的发展

其一，人力资本外部性的萌芽阶段。早期的经济学著作中已有关于人力资本外部性的思想。亚当·斯密在其著作《国富论》中认为，人的经济行为是为了追求自身利益最大化。但他也强调劳动分工与协作在经济生活中的重要性。他认为个人在追求自身利益的过程中会受到他人追求自身利益行为的影响，人与人之间合作协调可实现个体利益最大化并维持社会发展（斯密，2009）。同时，斯密认为，劳动者通过学习所获得的能力对于其自身来说是财产，对于社会来说也是财产。19世纪末，古典经济学集大成者马歇尔提到"外部经济"的概念，认为劳动者之间沟通交流可产生新思想，产业内部企业之间合作可带来技术研发与工艺改进（马歇尔，2012）。二者皆为人力资本外部性的具体表现。此后，外部性概念在福利经济学中得到发展，福利经济学者庇古认为社会收益与私人收益之间的差异源自外部性，这为人力资本外部性的量化研究提供了理论依据。

其二，人力资本外部性的概念及其扩展。20世纪80年代人力资本外部性思想逐渐明晰化。在舒尔茨与贝克尔提出的人力资本理论基础上，罗默在分析经济体持续增长的机制时指出，"由于新知识的专利保护难以尽善尽美，企业所创造的新知识对于周围其他企业生产效率存在正的外部性"（Romer，1986）。罗默的研究说明，经济体的发展不仅要考虑人力资本的作用，也要考虑人力资本外部性的作用。同时期的卢卡斯亦指出，"人力资本积累是一种社会活动，因其所具有的群体特征而与物质资本相区别"（Lucas，1988）。由于人力资本所有者具有主观能动性与社会属性，社会中的人不是完全独立地劳动，这使得人力资本具有公共品的属性。

从罗默与卢卡斯的论述中，我们可以得到人力资本外部性的基本内涵。从微观角度看，由于劳动者的生产活动处于一定的组织与社会群体中，个体劳动者所积累的人力资本不仅对其自身产生效益，对其所处的组织与社会也会产生效益。这种效益是非主观且无意识的。从宏观角度看，人力资本外部性被视作经济体收益递增的源泉，在经济体物质与劳动等投入要素没有增加的条件下，劳动者交流频率增加也可以给整个社会带来效益（舒尔茨，2001）。

其三，人力资本外部性概念的量化。西方学术界为将抽象的人力资本外部性概念具体化，主要是围绕人力资本外部性的量化进行研究的。但外部性概念存在的模糊性特征使得外部性难以量化，从而难以实证。为此，人力资本外部性的量化研究成为实证研究的重点。劳赫最先尝试了人力资本外部性的量化工作，他测算了美国城市人力资本外部性的大小，得到了人力资本外部性存在的结论（Rauch，1991）。其后，阿西莫格鲁和莫瑞提等学者对人力资本外部性的具体量化方法进行诸多改进（Acemoglu and Angrist，2000；Moretti，2004）。有关人力资本外部性量化的研究是外部性研究从定性到定量的突破，也是对人力资本外部性认识的进一步升华。

2. 人力资本外部性理论的主要内容及其分类

笔者基于人力资本外部性理论的发展历程中学术界有关外部性理论的诸多表述，在归纳和整理的基础上，试图对人力资本外部性理论内容进行界定，并对人力资本外部性进行分类。

本书认为，人力资本外部性理论的实质内容是个体人力资本在影响自身生产力的同时，也影响着与之相联系的其他劳动者的生产力，而劳动者地理距离的接近会促进外部性作用程度的加深，从而使整个组织与区域的生产力提高。从这一界定中可知，个体劳动者的人力资本对其他劳动者以及相应的组织和区域生产力的影响，是人力资本外部性的主要特征。这里强调了劳动者之间的相互作用是人力资本外部性作用发挥的重要渠道。因而不同的作用模式对于人力资本的生产力传递，具有重要的影响。

本书以人力资本外部性作用的发挥效果与传导机制为依据，将人力资本外部性理论分为三类：正外部性与负外部性，静态外部性与动态外部性，生产外部性与消费外部性。一是，人力资本正外部性表现为个体与企业生产效率提高以及相似且地理距离接近的企业生产效率趋于收敛（Fung，2005）。人力资本负外部性表现为人力资本水平高的个体与企业在市场竞争中获得更大收益，个体间收入不平等加剧以及企业间贫富差距拉大（Jan and Boyan，2002；Moretti，2003）。二是，人力资本静态外部性为个体人力资本对其他劳动者收入所带来的影响，人力资本动态外部性为外部性的主体与客体之间的循环互动关系（Seung，2011）。三是，人力资本生产外部性与消费外部性的区分是从外部性的客体出发的。个体人力资本对他人劳动生产率的影响为人力资本生产的外部性。而人力资本消费外部性与货币外部性的概念相类似，指的是高人力资本所有者对商品与服务的消费需求多样化且数量多，创造更多的就业岗位，使得该区域劳动者获得更高的工资水平（Broersma et al.，2016）。

从人力资本外部性的概念可知，人力资本投资的全部收益包括个人收益与社会收益，将个体人力资本投资对他人及社会的收益考虑进来，可使政府、企业与个人在作人力资本投资决策时更具科学性。此外，劳动者空间距离的接近促进人力资本外部性作用的发挥，地区劳动者密集度与地区生产效率之间存在着互为促进的关系。据此，量化人力资本外部性的大小，并考察人力资本外部性在城市发展过程中的作用，对于理解人力资本外部性具有必要性。

2.2 人力资本外部性的实证研究：量化

有关人力资本外部性的实证研究主要包括：人力资本外部性的量化研究以及人力资本外部性与其他经济要素之间关系的研究。前者回答的是人力资本外部性存在与否的问题，后者回答的是人力资本外部性对什么经济变量存在影响以及影响程度的问题。本部分着重讨论人力资本外部性的量化问题。

1. 人力资本外部性量化研究的现状

学者在早期的研究中得到组织或区域范围内人力资本外部性存在且人力资本外部性的作用随地理距离增加而减弱的结论。例如，在劳赫以美国标准大都市统计区为依托刻画的人力资本外部性研究中，作者以工资为被解释变量，以城市平均受教育年限为解释变量，在控制个体与城市特征变量的条件下，得出城市劳动者平均受教育年限每增加一年，工资提高 3% 与全要素生产率提高 2.8% 的结论（Rauch，1991）。近期，有学者估计研究型大学知识外溢效应的局部性特征，使用大学接受捐赠基金数额与资本市场冲击的互动作为代理变量，发现研究型大学的局部知识溢出效应显著，并提出地区需要协调产业结构以配合研究型大学所带来的知识外溢价值（Kantor and Whalley，2014）。

人力资本外部性的量化研究获得不同国家学者的关注。Battu et al.（2004）在测算英国服务业人力资本外部性时得出以受教育水平衡量的人力资本外部性作用显著和以工作经验衡量的人力资本外部性作用不显著的结论。Martins 和 Jin（2010）使用葡萄牙的数据研究得出企业层面人力资本投资回报大于个体层面人力资本投资回报以及外部性对受教育程度低的劳动者益处更大的结论。Heuermann（2011）研究发现德国不同区域间劳动者工资差异部分源于人力资本外部性的作用，且第二产业的人力资本外部性相较于第三产业更加显著。Broersma et al.（2016）在考察荷兰劳动者技能构成不同的公司内部人力资本外部性作用的差异时，在比较麦当劳与微软两家公司时发现，低技能劳动者进入高技能水平公司因受到人力资本外部性的作用而获得更高的工资水平，并测算出企业内部和区域内部人力资本外部性分别为 0.9% 和 0.3%，这亦说明人力资本外部性效应的局部性特征。

2. 人力资本外部性量化的难点

其一，人力资本衡量指标的选取。一种是用受教育年限衡量个体人力资本水平，用城市或行业劳动者平均受教育年限或大学（高中）受教育程度劳动力数量占比衡量城市或行业平均人力资本水平。另一种是用工作经验年限衡量人力资本水平。工作经验本应该是反映人力资本外部性实际作用更加可靠的指标，但由于工作经验与劳动者工资水平不完全正相关，在计量中通常加入工作经验的平方项以探求工作经验与工资的非线性关系，故用工作经验表示人力资本水平不完全准确。为此，人力资本外部性量化的难点之一在于全面衡量劳动者实际人力资本拥有量，对于城市或行业人力资本拥有量的衡量也存在偏颇。其二，数据样本的选择。一般来说，人力资本外部性量化研究需要将微观调查数据与宏观统计数据包括在内。Broersma et al.（2016）使用荷兰社会事务部工作条件调查数据与荷兰劳动力统计数据测量人力资本外部性时发现，由于微观数据的调查对象缺乏公共部门劳动者，所得出的城市人力资本水平与宏观统计数据存在出入，即微观调查数据存在低估城市人力资本平均水平的可能。为此，在选择微观调查数据时应注意数据来源的一致性与调查样本的代表性。其三，回归中的内生性问题。学者通常会通过增加控制变量与选择更加合适的工具变量来解决内生性问题。例如，有学者将推行义务教育法与童工法的地区、城市中接受国家财政资助大学的数量以及城市人口年龄结构作为城市人力资本水平的工具变量（Acemoglu and Angrist，2000；Moretti，2004）。我国学者 Liu(2007)在测算我国城市人力资本外部性时，将义务教育法与市场化改革作为工具变量引入回归模型。学者所做的努力是尽可能减少内生性造成结果存在偏误的可能。同时，在选择工具变量时应注意避免出现"按下葫芦浮起瓢"的现象。

人力资本外部性的量化研究将人力资本外部性从纯粹的概念、增长模型中的要素，借助计量方法加以量化，使得区分不同地区不同时期人力资本外部性大小成为可能。未来人力资本外部性量化需要从三个方面进行改进：一是选取更加科学的人力资本指标，由于受教育年限或工作经验不能等同个体所具有的能力，用智力测试分数等指标衡量人力资本水平更具科学性；二是选择更加合理的测量方法以及更加适合的工具变量以减少内生性问题；三是学者在未来量化人力资本外部性时需要着重考虑消费外部性。

2.3 人力资本外部性的实证研究：理论运用

人力资本及其外部性主要被用于解释经济体间的增长差异、收入分配的差异、公共教育投入差异以及城市规模扩大等现象。人力资本外部性理论表明，人力资本外部性的发挥需要在一定的空间范围内进行，城市作为人口空间集聚的载体，也是人力资本外部性效应发挥的载体。人力资本外部性是搭建人力资本与城市发展的桥梁，并作为一个媒介用于连接城市规模、人口密度、产业结构与城市生产效率。本部分着重论述人力资本外部性理论在城市发展研究中的运用。

1. 人力资本外部性是城市产生并发展的源泉

迪帕克与吉尔在《东亚复兴的经济增长理念》一书中这样描述城市

兴起的缘由："由于知识溢出随地理距离增加而减弱，劳动者为增加财富而向城市集聚，企业为增强创新与竞争能力而在城市选址"。莱奥（Leo，1975）在研究劳动者在城市地区集聚的原因时认为，城市地区较高的生产效率对农村劳动者具有吸引力，并使用美国城市统计数据实证获得城市规模与生产率正相关的结论。他指出，城市劳动者生产效率的提升得益于劳动者生产活动的集聚，"新思想的产生是技术进步的基础，在一个交流频繁且生产活动集聚的环境里，劳动者思想碰撞出火花的可能性更大"。从其描述中不难得出连接城市规模与城市生产效率的桥梁为人力资本外部性的结论。布莱克和亨德森（Black and Henderson）将人力资本水平、城市间地理距离及相互间贸易用于分析单个城市规模扩大以及城市数量增加的现象，考察城市中具有上下游关联性的产业在城市内部集聚的过程。作者用美国大都市统计区的数据作实证检验，证实了人力资本与城市规模之间的正相关关系。夏皮罗（Shapiro）利用美国 1940—1990 年城市地区统计数据亦发现，城市地区受过大学教育的劳动力数量每增加 10%，该地区就业人口将增加 0.8%。作者认为，高素质劳动者数量的增加引致地区就业人口增长的现象源于该地区较高的劳动生产率与生活质量对高素质劳动者所具有的吸引力。温特（Winter）将人力资本对城市发展的影响机制解释为，人力资本水平高的城市通常拥有丰富且优质的教育资源，劳动者为接受更好的教育而进入城市并在完成教育之后选择留在城市工作。因此，人力资本水平高的城市就业人口将增多。

2. 城市发展促进人力资本外部性作用的发挥

城市规模与集聚、分工与专业化、人口密度以及产业结构高度化，通过影响城市中劳动者知识与技术的溢出水平与交流频率，影响人力资本外部性作用的发挥。

其一，城市规模与集聚对人力资本外部性的作用。格拉泽和梅尔从劳动者工资水平提高的角度来考察城市集聚对人力资本积累的影响，并将人力资本积累看作是城市生产率提高的关键因素。在控制个人特征变量的条件下，发现城市劳动者工资水平比农村劳动者高出 33%，劳动者离开城市重回农村依然可获得明显的工资溢价。作者认为，"城市劳动者工资提高是一个动态的过程，劳动者人力资本水平随着其在城市工作时间的增加而提高，城市地区工资溢价来源于城市生活为劳动者所带来的人力资本积累的增加"，即城市相对较高的人力资本对劳动者生产效率带来正的外部性（Glaeser and Mare，2001）。巴科洛德和布鲁姆将城市中劳动者的技能区分为认知技能、社会技能与劳动技能，基于美国国家青年长期追踪调查项目的回归，发现劳动者在集聚程度高的城市中可提升认知技能与社会技能（Bacolod and Blum，2009）。洛卡和普加使用西班牙的数据探寻不同规模城市的劳动者工资水平差异的原因。作者认为劳动者初始禀赋差异不能解释工资差异，劳动者在大城市工作中学习所获得的经验积累对于工资差异的解释力更大（Roca and Puga，2017）。

其二，城市人口密度对人力资本外部性的作用。城市规模在衡量劳动者生产活动的实际距离方面存在不足，人口规模相似的城市因其地理面积差异也会导致人力资本外部性作用发挥的不同，故用人口稠密程度刻画劳动者生产活动的集聚程度更加准确。西科恩和豪尔（Ciccone and Hall）考察人口密度与城市生产率间的关系，认为劳动者的地理集中与中间服务商的多样性有利于城市生产率的提高。作者通过考察美国各州人口密度与生产率的关系，发现每平方公里劳动力数量每增加一倍，城市生产效率将提升 6%。作者的研究也证实了相对于城市规模而言，城市人口密度对城市生产率作用更大的推论。然而，人口密度的增加需要控制在一定"度"以内，超过"度"会导致人口密度增加，给城市生产率带来负效应。正如拉美国家城市化过程中出现的城市秩序紊乱与生活质量不升反降现象，正是人口密度超过"度"所造成的后果。"度"是指人口密度应与地区产业结构相适应，与社会资源、公共服务负担能力相匹配。在这个范围内的人口密度增加将带动城市生产效率的提升。同时，城市人口稠密度亦为城市多样性产生的必备条件①。

其三，城市中服务业发达程度与人力资本外部性之间存在相互提升的关系。一方面，劳动力在不同产业部门中聚集度的提高与劳动者生产效率的提升，是产业结构高度化得以顺利实现的基础。另一方面，以高新技术产业、金融业为主导的服务业发展是人力资本外部性作用发挥的有利因素。现代服务业具有多样性与专业化程度高的特征，与相关产业及需求市场地理距离接近。在以服务业为主导的城市中，人与人之间交流频率更高。亨德森在分析马歇尔规模经济效应时发现，高新技术产业中信息溢出局部效应对生产率存在较强的影响，在机械制造业中这种影响则较弱（Henderson，2002）。藤田在分析日本工业化过程中出现的人口向东京、大阪与名古屋都市圈集聚的现象时认为，服务业对人口的吸纳能力大于工业，以此解释以服务业为主导的东京都市圈人口净流入持续增长与以工业为主导的名古屋与大阪都市圈在 20 世纪 70 年代后出现人口规模不升反降的现象（Fujita et al.，2004）。

其四，人力资本外部性会随社会分工细化及生产专业化而强化。经济地理学者克鲁格曼（Krugman）在《发展、地理学与经济理论》一书中写道："劳动分工受市场规模的限制，市场规模反过来受劳动分工的影响。"劳动分工促进产业链条关联性增加与城市经济规模扩大，而产业链条发达且规模较大的城市中劳动者聚集程度更高，合作更为密切。从而人力资本外部性与劳动者社会分工与生产专业化存在着互为促进的关系。劳动者地理空间的接近与生产互动可实现知识共享、供需匹配与交

---

① 简·雅各布在《美国大城市的死与生》中认为人口高密度是城市多样性产生的必要条件之一，并用大量的篇幅强调人口的高密度与拥挤是两个不完全相关的概念，人口的高密度与不拥挤之间可以通过城市住宅的合理规划实现共存，并明确地认为："人口的集中是一种资源。"

流学习(Gill and Kharas,2007)①。社会分工与生产专业化使得劳动者生产活动间的联系更加紧密并促进人力资本外部性作用的发挥。

其五,人力资本外部性效应的发挥受城市交通便捷程度及区域间封闭程度影响。杰斯在研究导致德国高人力资本所有者集聚程度相对较低现象的原因时认为,由于德国中央与地方税收制度的设置,导致政府具有保护本地企业的倾向并提高外地企业的进入门槛(Jens,2010)。当城市间实行区域自我保护政策时,人力资本外部性作用发挥将受到限制。

人力资本外部性理论可用于解释区域创新中心的形成。人力资本水平与人口密集度是决定一个地区是否可以成为区域创新中心的重要条件。而区域创新中心通常发展成为规模较大的城市。同时,城市发展过程中,以高端制造业与服务业发达为特征的产业结构优化、基础设施完善服务于人力资本外部性作用的发挥,人力资本外部性与城市发展之间呈现此种相辅相成、相互促进的循环累积因果关系。简·雅各布在《美国大城市的死与生》一书中重点强调创新及产业多样化在城市发展中的重要性,同时又写道:"城市是经济多样性的天然发动机,是各种各样新思想和新企业的孵化器。"这也是本书所谈到的人力资本外部性与城市发展之间关系的关键之所在。

2.4 人力资本外部性理论的启示

人力资本外部性理论产生于知识经济繁荣阶段,其诞生及演进反映人类认识世界与解释世界的成果。本部分在总结归纳人力资本外部性理

---

① "分享是从供给商的角度来看待的,即由于供给的丰富性导致供给商商品的更加专业化与多样化,从而能够迎合雇主的要求;匹配是从雇主与雇员供给与需求的匹配角度出发来思考的;学习则是从加速知识的溢出效应来思考的。"(Gill I. S. and Kharas H., "An East Asian Renaissance:Ideas for Economic Growth", The International Bank for Reconstruction and Development/The World Bank, 2007.

论发展过程的基础上，完整表述了该理论的主要内容以及人力资本外部性的各种分类，对人力资本外部性如何影响各种宏观变量的实证分析进行了综述，尤其是对该理论应用于解释一个国家工业化和城镇化的进程做了较为详细的介绍。总体看，对于正在快速推进工业化与城镇化的中国来说，人力资本外部性理论对我国经济发展具有重要启示。

第一，人力资本外部性理论对于我们理解一个国家人口集聚模式对经济发展的影响是非常重要的。一个良好有序的人口集聚模式对发展中国家实现工业化与城镇化具有特殊意义。

第二，人力资本外部性理论认为，人口规模大且密集度高的城市有助于人力资本外部性作用的发挥，从而带来城市整体生产效率的提升。但是，传统社会在向现代社会转型过程中，通常都或多或少地存在着一些阻碍人口流动和人口集聚的因素。因此，如何消除传统社会中的阻碍因素，利用人口在空间范围内集聚所产生的收益，以促进产业结构高度化和城市生产率的提高，是一个国家经济社会改革过程中需要重视的。

第三，人力资本集聚效应的发挥需要与城市基础设施建设、社会保障服务相配套。提高城市人口密度并非简单地将农业劳动者直接迁往城市变为城市居民。而应以城镇地区容纳能力为基准，以农村居民自愿转移为前提，在维持低失业率的条件下，保障适度的医疗、卫生、住房与教育等社会服务，这样的人口集聚过程可成为城市生产率提高的源泉。高素质人口在城市集聚可促进高附加值产业的发展并优化产业结构，城市对多样化商品与服务需求的增多将带动劳动密集型产业发展。劳动密集型产业为农村人口进入城镇提供充裕且适合的就业岗位，由此形成良性的城镇化进程。

第四，我国城市建设需要营造相对宽松的创新环境，并逐步形成具有公平感的社会收入分配格局。这些因素有助于创新人才集聚与创新思想迸发。城市在发展经济的同时，包容性强的工作氛围、多元化的行业构成及文化制度建设等软环境，是决定一个城市对高素质人口吸引力的软实力。

　　从上述启示可以发现，人力资本外部性理论对于理解一国经济发展具有重要的意义。我们需要充分重视人力资本外部性理论的研究，尤其是在我国工业化与城镇化发展过程中的应用研究。目前，我国所实行的户籍制度与土地制度是农村人口向城市集聚的制度障碍，而社会保障异地转移不能接续问题是劳动者跨地区迁移中的顾虑。因此，户籍、土地与社会保障制度的渐进式改革是进一步发挥人力资本外部性的重要前提。同时，我国各项制度的改革需要与一个时期经济发展水平与产业结构相适应，政府需要做的是提供配套措施与合理服务，保障人口集聚在经济运行良好、社会秩序井然的环境下进行。因此，如何将人力资本外部性的研究同我国工业化与现代化的实践相结合，并在实践中深化对人力资本外部性理论的认识，成为我们研究的方向。

第3章 人力资本外部性视角下
城市化的形成

　　城市化是劳动者以自身效益优化为目标而集聚的过程，是现代部门存在劳动力需求时，劳动者从传统部门向现代部门流动的过程。城市化中劳动要素集聚是劳动者效益优化的选择。相对于传统部门而言，现代部门有效劳动需求扩大速度快。人力资本外部性理论揭示了微观劳动者效益优化与现代部门就业岗位创造的途径。一是，劳动者的生产活动始终处于一定的市场范围之内，与其他劳动者的互动交流是生产活动顺利进行的前提条件。在与其他劳动者交流学习、互动合作的过程中，劳动者的生产活动所具有的外部性明显。劳动者较高的人力资本禀赋及其所产生的知识外溢对其他劳动者的生产效率产生较大的作用。于是，微观劳动生产率与人力资本禀赋经济价值的实现是与之合作的其他劳动者生产效率的函数。即当劳动者处于人力资本禀赋高、知识外溢明显的活动范围内部，其人力资本禀赋转化为劳动生产率的效率更高，由此产生劳动者收入的溢价，吸引着外部以自身效益优化为目标的劳动者流入，形成劳动要素集聚的城市化模式。二是，现代服务业发展，分工中所形成的产业专业化，有助于人力资本外部性作用的发挥，在提高劳动生产率的同时，扩大产业规模，衍生新产业，增大现代部门劳动要素的容纳力。以人力资本外部性理论为基点，依托于经济学的基础知识，对城市化中劳动生产率提高、现代部门劳动要素需求规模扩大、劳动要素集聚等现象的成因作一阐述。

3.1 劳动者流入城市部门的动力——劳动生产率的生成

城市化的形成机制之一，现代部门微观劳动生产率的不断生成。理论分析的基础是，以自身利益优化为目标的劳动者从传统部门向现代部门流动，原因在于劳动者在现代部门能够产生比传统部门更高的劳动生产率；以自身效益优化为目标的劳动者从一个经济单元向另一个经济单元流动的原因在于其在另一个经济单元所形成的劳动生产率更高。由此，以微观劳动生产率影响因素的视角分析城市化的动力机制问题具有合理性。从劳动者作为劳动力市场中个体的视角看，劳动者的生产效率是其个人所创造产品的经济价值。微观劳动生产率既取决于劳动者自身的人力资本禀赋，也取决于劳动力市场的供求状态。当劳动力市场供大于求的时候，微观劳动生产率得不到充分的发挥，当劳动力市场供小于求的时候，微观劳动生产率增长的潜力得到极大的开发。劳动力市场需求的创造是微观劳动生产率生成的必要条件。从劳动者作为城市经济单元内部的一种生产要素的角度看，城市整体生产效率是由城市内部所有劳动者生产效率组成的，劳动者生产效率的组合产生了城市的整体生产效率。微观劳动生产率受到其所处的城市整体生产效率的影响。而城市整体生产效率主要取决于内部劳动要素数量、产业构成。从劳动力市场供求状态与城市生产效率两个视角出发，分析微观劳动生产率及收入溢价的形成原因。

1. 从个体劳动者的视角出发看微观劳动生产率的生成

在关于劳动生产率形成的理论中，既有从宏观视角切入的理论，也有从微观视角切入的理论，不同视角下劳动生产率的形成原因具有较大的差异。劳动经济学是从微观视角切入分析劳动者生产效率形成原因的。依据人力资本外部性理论,劳动者经济价值的实现途径包括,一是,劳动者的经济价值体现在资源要素的优化组合能力、生产效率的提高、物质产品的生产与产品价值的创造。劳动者所具有的优化组合能力、生产效率是经济体增长中不能解释的部分,即通常所说的全要素生产率;二是,劳动者经济价值的实现是以其他劳动者的配合为前提的,分工细化使得劳动者难以完成整个产品的生产过程,与其配合的劳动者的素质与能力对该劳动者经济价值的创造至关重要;三是,劳动者的人力资本禀赋处于不断的变化之中,恒久不变化的劳动者能力难以保持其经济价值,而在劳动的过程中劳动者之间的互动行为是保持劳动者能力增加的必要条件。可见,从劳动者人力资本禀赋向劳动生产率转化,从劳动生产率向产品的经济价值转换需要一些前提条件,一是劳动者的人力资本禀赋转化为劳动生产率需要以其他物质要素作为基础,以其他劳动者的分工配合作为条件;二是劳动者的生产率转化为产品价值需要以产品的需求市场为条件,以劳动者愿意为产品支付的价格为前提。由于劳动者的边际产品价值与劳动生产率正相关,借助于劳动经济理论中劳动者边际产品价值的概念说明劳动生产率的影响因素。劳动经济理论中劳动者边际产品价值为 $\mathrm{vmp} = \mathrm{mp} \cdot \mathrm{p}$。劳动者边际产品价值是边际产品数量与产品价值的乘积。即,劳动生产率是由劳动者所生产的产品数量与产品价值共同决定的。[1] 现代部门微观劳动生产率溢价的成因包括两个方面。第一,具有相同人力资本禀赋的劳动者在传统部门 t 与现代部门 m 中产出的边际产品数量存在不同。劳动者以自身的人力资本禀赋为基础生产产品。产品是由劳动者与其他劳动者相互合作,与其他生产要素相互配合,与技术设备一起生产的。对于单个劳动者来说,其人力资本禀赋 h 是一定的,决定其边际产品数量的因素是其生产过程中合作的劳动者 l,其他的生产要素 f,机器设备 e。边际产品数量是人力资

---

① 曾湘泉:《劳动经济学》,复旦大学出版社 2010 年版。

本禀赋、劳动者、生产要素、机器设备的函数，可表示为，$mp = f(h, l, f, e)$。即，劳动者每多生产一个单位的产品，是劳动者运用自身的生产能力、可利用的物质资源、高效的机器设备，充分发挥自身的生产潜能与智慧的结果。在传统的生产活动向现代生产活动演化的过程中，劳动者边际产品数量的决定因素从产品的数量向产品的质量转变。传统部门中边际产品数量可表示为，$mp_t = f(h, l_t, f_t, e_t)$。传统，意味着生产方式的单一，产品形态固定、产品经济价值较低、产业的需求市场有限。劳动者面对着相对有限的技术、面对相对单一的原材料、面对相对简单的流程，生产出相对简单的产品。劳动者的能力与技能，必须要与其所能够接触到的资源要素、机器设备、技术条件相结合才能发挥出其应有的经济价值。现代部门中边际产品数量可表示为，$mp_m = f(h, l_m, f_m, e_m)$。现代，意味着先进的技术条件，高效率的生产要素，灵活高效率的生产方式、完整有效的组织体系。现代部门内部的劳动者，以自身的禀赋为基础，结合其所能接触到的生产要素、技术条件、机器设备，创造出符合现代社会需求的产品。源于现代部门中劳动、资金、设备等要素的储量更大、效率更高，劳动者能生产出更多的边际产品。由此，现代部门的边际产品数量大于传统部门，即 $mp_m > mp_t$。第二，相同的劳动在传统部门与现代部门所创造的产品经济价值存在不同。劳动者生产出来的产品只有在具有市场需求的条件下才能够转化为经济价值。产品经济价值的实现程度取决于市场对该产品的需求数量 d 与消费者对该产品的偏好 u。单个劳动者生产出的产品转化为市场价值的幅度，是由其产品的市场需求数量与该产品所产生的效用共同决定的。即 $p = f(d, u)$。生产出来的产品只有在市场上销售并获得收入才能实现价值。而产品的市场价值既取决于社会对于产品的需求数量，也取决于消费者对于产品的支付意愿。而这又取决于产品的质量、形态、品质、功能，产品满足消费者需求层次的程度，产品的市场范围。其中，产品的质量、形态、品质、功能是由产品的生产工艺、技术水平决定的。产品满足消费者需求层次的程度，是由产品的形态与内容决定的。产品的市场范围是由消费市场劳动者数量的大小，购买力的高低，与外部环境的联系决定的。处于传统生产部门中的劳动者所生产产品的市场价值为 $p_t = f(d_t, u_t)$。在传统生产环境中，产品的技术含量有限，产品的功能有限，产品仅能满足消费者基本的需求层次，产品的市场范围有限，消费者对于产品的支付意愿与消费愿望有限。在这种条件下，传统部门的劳动者，其所生产产品的市场价值较低。现代部门中劳动者所生产产品的市场价值为 $p_m = f(d_m, u_m)$。在现代生产环境中，产品的技术含量高，产品的功能更新，产品能够满足消费者更高的需求层次，产品的市场范围广大，消费者对于产品的支付意愿与消费愿望较高。在这种条件下，现代部门的劳动者，其所生产产品的市场价值较高。对于消费者来说，传统部门产品满足消费者相对较低层次的偏好，消费者对于产品的需求数量相对有限。现代部门产品满足消费者相对较高层次的偏好，消费者对于产品的需求数量相对较多，需求增长潜力较大。现代部门劳动者所生产产品的市场价值大于传统部门，即 $p_m > p_t$。第三，传统部门与现代部门劳动者的边际产品价值存在较大差异。假设劳动者的劳动生产率等于劳动者的边际产品价值。效率是指将资源要素转化为经济价值的能力。劳动者运用自己的脑力，合理的配置资源要素，加工生成产品，在市场上销售以实现经济价值。整个生产过程的每一个环节皆需要完善，劳动者的生产效率才能提高。产品数量的增加与产品经济价值的提高是劳动者生产效率实现的必备条件。而在现实的市场经济活动中，产品的数量与产品的经济价值存在着一种相互影响的关系。在产品出现的初始阶段，产品的稀缺决定了产品较高的经济价值。设产品的数量与产品的经济价值的乘积等于劳动生产率。在卖方市场的条件下，产品的经济价值较高。产品的经济价值在劳动生产率提高中起到重要的作用。在产品大规模生产的阶段，产品的丰富性决定了产品市场价值的降低。在买方市场的条件下，社会对产品的需求数量较大。产品的数量在劳动生产率提高中起到主要的作用。总的说，在产品从出现到大规模生产的过程中，产品的数量与产品的经济价值的乘积经历了一个先上升后下降的阶段。处于任何产业中的劳动者，其边际产品价值大致经历了这样的一个发展过程。劳动者在现代部门的劳动生产率为 $vmp_m = mp_m \cdot p_m$。在现代部门产品的生产过程中，技术的应用水平高，产品的经济价值更高，产品的功能更新。产品，从出现到大规模的投入生产的速度更快，更快速地投入市场中。在技术进步的条件下，产品的种类更新，产品的经济价值更大，产品的市场范围更广。新的产业不断地出现，旧的产业不断地退出市场。在产业不断变化的过程中，现代部门劳动者的边际产品价值更高，劳动者的生产效率更高。劳动者在传统部门的劳动生产率为 $vmp_t = mp_t \cdot p_t$。在传统部门产品的生产过程中，技术应用水平有限，产品的经济价值较低，产品的功能单一。产品从生产到销售需要经历一个漫长的过程。产品的经济价值相对波动较小，社会对传统部门产品的市场需求相对有限，产品的经济价值难以实现大幅度的提高。产业的形态相对固定，产品的经济价值相对较低。传统部门劳动者的边际产品价值相对较低，劳动者的生产效率更低。对于具有相同人力资本禀赋的劳动者而言，其在现代部门所创造的劳动生产率大于其在传统部门所创造的劳动生产率，即 $vmp_m > vmp_t$。人力资本外部性作为劳动者人力资本禀赋转化为劳动生产率的机制过程，其作用发挥需要以一定的经济环境作为前提条件。相对于传统部门而言，现代部门的生产要素、技术条件、机器设备、产品工艺等条件更高，置身于现代部门产业体系中的劳动者，其发挥自身的禀赋，运用可利用的资源条件，使用更先进的技术条件，将会创造出数量更多、市场经济价值更高的产品。而在现代经济活动中，劳动者所具有的产品创造能力与产品的经济价值，具体可以概括为劳动的生产效率。

其一，传统部门与现代部门人力资本外部性作用发挥的程度不同。人力资本外部性是指劳动者在互动合作过程中相互影响彼此提高劳动生产率的一种现象。影响到人力资本外部性作用发挥的因素包括，一是现代部门内部劳动要素在产业投入要素中所占的比例，he1；二是劳动者主观能动性发挥程度在产品形成中的作用大小，he2；三是产品形态更新速度及其对知识、信息的依赖程度，he3。现代部门与传统部门在这三个方面是存在极大不同的，由此决定了人力资本外部性作用发挥程度的不同。假设人力资本外部性作用的大小为，he = f(he1，he2，he3)。显然，现代部门内部劳动要素在资源配置组合中所产生的比例较高，传统部门内部以土地、农业机械等要素为主，劳动要素在资源配置组合中所占的比例较低，于是有，$he1_m > he1_t$。现代部门内部劳动者的主观能动性在产品的形成中作用较大，甚至决定了产品的形态、质量、品种；而传统部门内部劳动者的主观能动性发挥作用有限，农业生产方式与产品相对固定，于是有，$he2_m > he2_t$。现代部门内部产品形态更新主要取决于知识更新速度、信息流动速度。传统部门内部产品形态更新速度慢，知识、信息的流动范围较小，于是有，$he3_m > he3_t$。可见，现代部门内部人力资本外部性作用发挥更大，即 $he_m > he_t$。人力资本外部性，作为劳动者协作互动所形成的知识外溢与创新，其作用发挥的大小直接决定了生产部门内部劳动者的生产效率与劳动者协调配合的效率，是生产活动协调合作与经济生活高效运行的前提条件。现代部门内部人力资本外部性作用发挥的水平决定生产活动中知识的应用水平与生产活动的协调配合程度。源于人力资本外部性作用的更大发挥，现代部门内部的劳动者能产生更高的劳动生产率，在给定的要素供给条件下，生产活动能产生更高的全要素生产率。

其二，人力资本外部性在传统部门与现代部门内部劳动生产率形成中的作用不同。人力资本外部性作用的发挥是一个动态的过程，是劳动要素互动的结果。传统部门的生产活动相对分散，劳动者之间的互动频率相对较低，劳动者的空间距离相对较远，劳动者所具有的知识流、信息流储量较低，且在不同劳动者之间的流动规模与速度也较低。正源于此，传统部门的人力资本外部性作用发挥是极为有限的。现代部门生产活动相对集中，劳动者在频率较高的互动过程中传播着知识、信息，加工、形成新的知识、信息用于生产过程，人力资本外部性作用发挥的程度是较大的。一方面，现代部门人力资本外部性作用发挥的优势条件在产品价值的形成中具有重要的作用。伴随着人力资本外部性作用的上升 he↑，产品价值也在上升 p↑。另一方面，现代部门人力资本外部性作用发挥的优势条件在产品数量增加中的作用也是在递增的。伴随着人力资本外部性作用的上升 he↑，产品数量也在上升 mp↑。可见，人力资本外部性作用发挥的差异扩大了传统部门与现代部门劳动生产率差异的程度。源于传统部门与现代部门在产品形态、劳动要素配置比例、知识在产品中应用的差异，身处于传统部门与现代部门的劳动者，即使具有相同的人力资本禀赋，其劳动生产率亦将产生较大的差异。正是现代部门与传统部门内部人力资本外部性作用发挥的差异，引起了劳动要素从传统部门向现代部门的流动。

2. 从城市生产系统看微观劳动生产率的生成

城市生成并发展的本质在于，空间范围内部劳动力的集中分布。劳动者的生产活动及其所产生的效率决定了城市生产系统的投入产出效率。劳动者之间的配合与协作效率亦是城市生产系统有序、高效运行的有利条件。劳动者的生产活动是城市生产系统中的组成部分，城市内部其他要素的生产效率决定了劳动者生产活动的效率。劳动者在空间范围内部集中分布并形成协调配合的关系，是由城市内部分工体系的完善程度决定的。可见，城市内部形成一种高效的生产氛围与完善的分工体系是劳动生产率提高与劳动者之间协调配合关系形成的外部支持条件。

城市内部不同劳动者生产潜能的发挥是城市整体生产率形成的基础。微观劳动者作为城市整体生产体系中的一部分，微观劳动生产率受城市经济环境的影响。城市经济学中反映城市内部微观劳动者生产效率的公式为，$p = f(h, H)$。其中，p 为城市内部劳动者的生产效率，h 为微观劳动者的人力资本禀赋，H 为城市内部人力资本整体存量[①]。此公式

---

① 吕玉印：《城市发展的经济学分析》，上海三联书店 2000 年版。

将劳动者所处的经济环境与微观劳动生产率联系起来。其中，劳动者所处的经济环境包括城市的产业构成与城市的人口规模。城市的产业构成与城市的人口规模是影响微观劳动生产率最为重要的宏观变量。即城市内部微观劳动生产率是城市内部劳动要素数量与产业经济价值的函数。而不同城市的劳动要素数量与产业构成差异是较大的。源于城市之间产业构成与劳动要素数量的差异较大，规模经济效益也存在较大的差异，城市的宏观经济变量，即城市的规模、城市的产业与微观劳动生产率之间具有内在的联系性。

经济环境人力资本存量是社会分工与生产专业化的基础，是推动知识生产与技术进步的条件，能够对经济环境整体的规模效益形成、产业构成优化带来较大的益处。这样，在 $H\uparrow$ 的条件下，产业的产值会上升、产业体系会高度化。由此所带来的城市内部微观劳动生产率也会提高 $p\uparrow$。从某种程度上说，变量 H 将人力资本外部性作用大小具体化了。劳动者所处城市内部人力资本存量、产业构成、人口规模等变量能够展示出城市内部人力资本外部性作用的大小。可见，即使劳动者人力资本禀赋 h 不变，源于其所处的城市内部人力资本储量上升，$H\uparrow$，劳动者的产出效率也会提高，$p\uparrow$。具有相同人力资本禀赋的劳动者在自身利益的驱动下，去寻找到能够极大化发挥自身生产潜能的城市从事生产活动，在人力资本存量 H 高的经济单元内部，微观劳动者的人力资本禀赋转化为劳动生产率的幅度也高，由此引起的微观劳动生产率亦会上升 $p\uparrow$，并吸引外部劳动要素的流入。在劳动要素不断地流入过程中，城市人口规模扩大，城市内部人力资本存量提高，规模经济效益增大。现代经济中，城市内部的知识、信息储量及密度差异较大，引起分工专业化程度差异也在扩大，分工专业化对于人力资本外部性作用发挥作用明显。源于不同城市内部的规模收益递增属性，分工专业化程度的差异，不同城市中微观劳动生产率亦存在差异。

第一，分工专业化程度是人力资本外部性作用发挥的前提条件。人力资本外部性和作用发挥的前提条件包括劳动要素在生产要素投入中所占的比例，劳动要素主观能动性在产品形成中的作用，产品形成对知识、信息的依赖程度，所有这些条件可以归结为经济单元生产活动中的分工专业化程度 sd。分工专业化是经济生活中的一个普遍现象，将生产活动中的一些环节提炼出来，劳动者在该环节细致的加工、生产，将会增加生产的熟练度与专业度，进而提高微观劳动生产率。不同的专业生产活动对劳动者素质的要求是不同的，在简单机械操作的专业化生产活动中，劳动者素质的要求相对较低，劳动者只需要简单的操作即可完成。在需要通过脑力加工完成的专业化生产环节，分工专业化程度相对较高，对劳动要素的素质要求也高，而且劳动者的智慧、劳动者的能力在专业化作业完成程度、质量等方面存在较大的差异。人力资本外部性作用发挥的前提条件在于，劳动者的生产活动需要能够互动，知识流、信息流能够流动，劳动者需要对不同的信息、知识进行加工处理、进而转化为生产率，这是人力资本外部性作用发挥的一个前提条件。由此，在知识、信息加工处理等环节中专业化程度高是人力资本外部性作用发挥的有利条件。也就是说，在分工专业化程度增加的条件下，sd↑，人力资本外部性作用发挥程度提高，he↑。

第二，知识、信息的储量及分布密度是分工专业化的前提条件。现代经济活动越发需要依靠劳动者的知识、信息加工处理能力与创造性。现代经济活动的分工专业化程度逐渐提高，且这种分工是一种需要劳动者创造性的劳动分工。分工专业化程度在劳动生产率形成中具有重要的作用。而关于分工引起的原因则历经了不同的变迁，这种变化主要源自技术条件的变化与生产环境的变迁。在现今知识经济时代，劳动分工不仅体现在简单重复的流水线作业的分工，更体现在知识经济时代，信息、知识处理的专业化。此种专业化对于劳动者素质的要求更高，影响这种专业化的原因也不仅在于传统的市场规模，更在于劳动者所处经济环境的知识、信息储量及分布密集程度 kr。在城市内部知识、信息储量提高的情况下，kr↑，人力资本外部性作用将会增加，he↑。

第三，城市内部知识、信息储量及分布密度存在差异。经济环境中知识、信息储量及分布密度是城市之间特征差异形成的主要原因，是区分不同城市内部分工专业化程度的标准。传统型城市内部知识、信息储量及分布密度为 kr_l，现代型城市内部知识、信息储量及分布密度为 kr_h。现代型城市内的知识、信息储量及分布密度显然是高于传统型城市，即 $kr_h > kr_l$。源于知识、信息储量是分工专业化程度的决定因素，由此知识、信息储量相对较高的城市内部，其分工专业化程度大于知识、信息储量相对较低的城市内部，$sd_h > d_l$；分工专业化程度与人力资本外部性作用发挥之间存在正相关关系，于是有知识、信息储量相对较高的城市内部人力资本外部性作用大于知识、信息储量相对较低的城市，$he_h > he_l$。人力资本外部性作用发挥决定了劳动者人力资本禀赋转化为劳动生产率的幅度，知识、信息储量相对较高的城市内部劳动生产率大于知识、信息储量相对较低的城市，$q_h > q_l$。可以看出，城市视角下微观劳动生产率差异的形成原因是城市内部知识、信息储量，而这与城市的人力资本存量 H 密切相关。以知识、信息储量为基础的分工专业化程度与城市内部产业构成密切相关。可见，在思考人力资本外部性理论时，城市内部微观劳动生产率的形成原因依然是人力资本存量 H，及其所决定的城市内部产业现代化程度。在人力资本储量高、产业现代化程度高的城市内部，微观劳动者人力资本禀赋转化为劳动生产率的幅度亦会上升，劳动生产率 q 上升。在现代部门与传统部门之间，在不同城市之间，在微观劳动生产率的影响因素中，最为重要的宏观变量是人力资本储量。在人力资本外部性作用发挥的条件下，以自身效益优化为目标的微观劳动者，会逐步向具有较高人力资本储量的城市流动。

3.2 城市就业岗位的创造——产业的规模经济

城市化的形成机制之二，现代部门有效劳动需求的形成。城市之所以具有对劳动要素的需求，源于其生产活动顺利进行的需要。城市内部生产活动的规模与生产模式中劳动、物质要素配置比例决定了生产活动对劳动要素的需求数量。现代部门劳动要素需求数量是由哪些因素决定的呢？一是，从市场主体的角度分析城市生产活动对劳动要素的需求数量。微观经济学分析框架的中间点是生产产品的市场主体。市场主体的生产方式与规模决定了生产活动中劳动要素的需求数量与劳动、土地、资本等要素的比例。市场主体通过组合加工生产出来的产品在产品市场上实现经济价值，消费者的偏好与需求数量决定了产品的市场价值。由此，城市内部劳动要素的需求数量取决于市场主体的生产规模、技术水平、产品市场需求规模与结构等。① 二是，从产业的角度分析城市生产活动对劳动要素的需求数量。产业的规模经济效益在现代部门有效劳动需求形成中的作用凸显。现代服务业的发展与专业化的工业部门是现代部门规模收益递增形成的有利条件。现代服务业的发展与产业的专业化以高素质劳动者及其所具有的创新能力为条件。劳动者素质的提高与聚集，为现代服务业发展与产业专业化提供了坚实的土壤，在现代部门产业内容更新与规模扩大的同时，形成比较优势与规模经济，提高微观劳动生产率并增加城市部门就业岗位的有效供给。

1. 城市的边际产品价值曲线与有效劳动需求

城市具有自身的生产函数及其所决定的边际劳动生产率。城市边际劳动生产率的差异决定了劳动力在不同城市间的流动。将城市看作一个生产部门，投入要素是劳动，以劳动要素投入数量为横坐标，以劳动要素的边际产品价值为纵坐标，所形成的是一条抛物线形状的曲线。随着劳动力数量的增加，城市内部劳动要素边际产品价值曲线呈现先上升后下降的过程。不同城市具有不同幅度的劳动要素边际产品价值曲线。曲线与横坐标的交点是劳动要素边际产品价值等于零时的城市部门有效劳

---

① 肖殿荒、何穗著：《微观经济学》，中国经济出版社 2005 年版。

动需求数量，此时，城市对劳动要素的需求数量是最优的。从城市生产率优化的视角看，城市劳动力数量从零增加，直到边际产品价值等于零时所对应的劳动要素数量，这个区间范围内为城市生产活动对劳动要素的有效需求。由于城市内部的资源禀赋、产业构成、知识储量等存在差异，城市的边际产品价值曲线亦存在不同。在边际产品价值曲线幅度相对更大、更高的城市内部，其有效劳动需求量是更高的；而在边际产品价值曲线幅度相对更小、更低的城市内部，其有效劳动需求量则是更低的。以不同产业构成为基础，具有不同规模收益特征的城市，其边际劳动生产率曲线存在不同。不同的抛物线代表着产业构成、规模收益递增属性异质的城市经济单元。假设劳动者在不同城市之间的流动成本为零，劳动者根据市场充分的信息作出流动选择。如果劳动者在其他经济单元能够产生更高的潜在劳动生产率，以自身效益优化为目标的劳动者将会选择向潜在边际劳动生产率更高的经济单元流动。在这种劳动力不断流动的过程中，经济单元劳动要素数量发生改变，其所对应的边际劳动生产率亦发生变化。当不同经济单元边际劳动生产率逐渐走向均衡态时，不同城市内部劳动要素数量所对应的边际劳动生产率亦相等，不会出现劳动要素流动的现象。此时，各城市内部劳动要素数量是符合整体效率优化目标的。这可以视作城市规模的一个影子结构。在劳动要素空间流动的过程中，城市劳动要素数量总是不断地接近于整体效率最优化状态下的城市规模。可见，市场化条件下，城市劳动要素有效需求取决于产业构成及其所具有的规模收益递增属性。

2. 产业在城市有效劳动需求形成中的作用

城市内部劳动力边际产品价值大于零时的有效劳动需求数量取决于城市内部产业的规模递增属性。产业的规模递增属性取决于产品的消费规模与结构。其一，城市产品消费规模的增加。消费者对新功能、新形态、新种类的产品具有更高的需求。尤其是在产品的生产从开始出现到大规模生产的过程中，消费者需求的增加起到了重要的作用。正是源于产品能够符合消费者的需求与偏好，能够符合消费者的心理预期，才能引起消费者的消费行为。消费规模的增加无疑对城市生产规模的扩大起到决定作用，进而促进城市对劳动要素的需求。其二，社会消费结构的变化。消费者的需求物品组合，经历满足较低层次需求的消费品向满足较高需求层次的消费品，这样的逐步升级过程。消费者对于基础消费品的需求具有一定的数量限制，对于具有便利性、享受性的消费品与服务产品的需求是逐步增加的。可见，消费结构的变化会引致产品结构的变化。若城市产业所生产产品是符合消费者偏好的，那么，城市产业规模具有扩大的潜力，尤其是在具有比较优势的条件下，城市内部的产业对劳动要素的有效需求将会增加。

城市产品消费规模增大与消费结构变化是由其内部产业所具有的规模收益递增属性决定的。而工业、服务业具有不同的规模收益递增属性。[1] 城市有效劳动需求取决于，具有专业化性质的产业，比较优势形成与规模扩大；具有多样化性质的产业，不断衍生出新产业。

产品的属性。产品从出现到饱和的阶段将经历一个过程。产品的出现，说明产品生产的技术条件与设备可行，而产品在消费者中的普及性是一个渐进的过程，这取决于产品数量的增长幅度。如果产品的生产数量远未及社会对该产品的消费潜力，那么产品生产规模存在增加的潜力。这时，市场主体集中劳动、物质、资源、设备、厂房等要素生产该产品，将创造出更大的社会财富。在这个过程中，产业的规模递增效益形成，并增加有效劳动需求。如果产业中产品的生产数量超过社会的消费需求，那么产品的生产活动将不具有规模经济。市场主体投入资金、技术、劳动到该产品的生产过程中来，难以获得利益，产业难以形成规模收益，生产活动对劳动要素的有效需求减少。伴随着产品数量的增多，产品的市场价值呈现出先递增，后递减的过程。需要说明的是，产

---

① 杨公朴、夏大慰著：《现代产业经济学》，上海财经大学出版社 1999 年版。

品是具有多样性特征的。伴随着技术的进步与生产工艺的更新，产品的种类增多、产品的形态更新、产品的功能提高。对于任何新产品，社会需求亦经历一个先增长，后下降的过程。作为以经济利益为目标追求的市场主体，会通过创新与技术开发来更新产品的质量、形态与功能，进而实现经济利益的提升。可见，生产活动中技术进步与创新是保持产品多样性的关键，是市场主体实现规模效益的途径，是生产活动对劳动要素需求量增多的动力源。社会生活中形成一种有助于新产品开发的劳动要素空间分布模式是一种有效的资源配置形式。

工业的属性。工业对资源、设备、厂房的要求高，工业产品的市场价值、技术条件的变化促使市场主体根据变化了的地租、劳动者工资而寻找新的适宜地点。工业的分布地点处于变化中，工业中的劳动者是随着产业而流动的。若城市是以工业作为主要的产业内容，产业发展存在一个周期，城市有效劳动需求数量亦存在一个先上升后下降的过程。以工业为主导的城市，其有效劳动需求增加的关键在于，生产专业化与比较优势。外部技术条件与市场需求是变化的。新技术的产生会改变产业的比较优势。新产品的出现会改变产品的社会需求。于是，以工业为主导的城市，面对的外部需求市场与技术条件是发生变化的，其发展潜力也是存在着变化的。这种变化的现实世界使得以工业为主导的城市难以一直保持生产活动的竞争力与比较优势。由此，以工业为主导的城市常常经历了一个兴起、衰弱、发展的过程。

服务业的属性。服务业之所以能够成为一个与农业、工业等物质生产部门相提并论的产业，是因为服务业的产品是具有需求市场的，而且消费者愿意支付一定的价格购买服务产品，服务产品对社会福利的提高产生了实质性的好处，所以服务业不断衍生，并成为创造就业岗位的主要部门，是具有现实基础的。服务产业生产周期缩短，对资源、设备、厂房要求低，对劳动者素质、创新能力要求高。现代服务业分布在高素质劳动者聚集的城市内部，且常换常新，一直处于不断地演变之中，而无需更换地点。现代服务业的衍生能力强，分工细化程度高，具有较高经济价值的服务产业发展，劳动者生产活动的专业性增加，劳动者专注度更高，时间的经济价值也更大，那么，更多的专业化生产活动将衍生出来，并形成新的服务产业。衍生出来的服务产业，既为高素质劳动者创新提供更加充裕的时间，提高有效劳动供给；也为更多的劳动者提供就业机会，最大化发挥劳动者的生产潜能。分工细化条件下的服务业对劳动者能力要求不高，是传统部门劳动者进入现代部门开发自身的生产潜能、发展相对优势、实现个人价值的就业机会，是联结传统部门劳动要素供给与现代部门劳动要素需求的媒介。

　　经济发展中现代服务业出现及规模的不断扩大，是一种消费者需求结构改善的需要。现代服务产品常换常新，是劳动者为满足消费者愿望，运用智慧进行的创新活动。消费者在追求物质欲望中，尤其是在满足了基本的物质需求之后，对于物质的持续追求，更多的是一种浪费与无效的拥有。拥有这样的物质所带来的心理上满足，构成了消费者消费更多物质财富的理由。如果城市生产规模的进一步扩大是建立在物质产品的生产与消费者对物质产品的过度需求之上，将无法为社会带来实质性的消费结构改善与福利增加。现代服务产品的出现，为消费者的需求满足提供了新的地平线。在感受视听盛宴、音乐享受、知识传授等现代服务业的消费中，消费者精神需求得到满足。这种满足，是确实提高了消费者的福利。常换常新的服务产品，既改善了消费者的消费结构与满足程度，也为产业规模扩大提供了新的方向，是以现代服务业为主导的城市规模递增收益实现的主要途径。无需消耗物质，劳动者之间的互动与集聚所生产的创新与知识外溢就能够创造新的服务产品，也能够改善消费者的需求结构与主观满足感，更能够形成生产活动的规模收益递增。为此，现代城市化中现代部门有效劳动需求依托于，一是多样化的现代服务业，二是专业化的工业。服务业发展最大的特点在于，产品的不断更新，新产品的价值较高，生产活动依赖于高素质劳动者。在以现代服务业为主要内容的城市内部，在劳动者创新活力迸发与技术进步的条件下，产业实现规模收益递增，生产活动对劳动者的需求数量是极大的。以现代服务业为主要内容的城市，其规模的增长潜力是较大的。而且这种类型的城市会发展为创新活动的孵化器与经济发展的动力源。

3.3　劳动要素集聚的动力

经济学视角下供需均衡是劳动力市场发展的方向。在供需均衡的条件下，劳动力的工资水平、劳动供给与需求是符合社会福利最优化原则的。城市劳动力市场可以看作一个有机整体。传统部门劳动力供给是城市化的外生变量，劳动力在城市内部流动与集聚是城市化的内生变量。劳动力在传统部门与现代部门间的配置模式是影响城市化有序推进的主要因素。在不同的工业化发展阶段上，现代部门劳动要素空间配置状态不同，城市有效劳动需求与城市化水平亦不同。在劳动要素数量一定的条件下，在不存在摩擦性失业与结构性失业的情况下，劳动力市场是以劳动供给总量与市场需求总量相等为标志的均衡态为发展方向的。在图 3-1 中，市场化条件下的劳动供给曲线为 S，劳动需求曲线为 D，曲线的交点为 $(w/p)^2$。在经济现代化与劳动者素质不断提高的过程中，劳动者的人力资本禀赋作用得到发挥，外部性作用在现代部门中重要性提高。不考虑人力资本外部性的作用，其分析是难以符合现实经济发展状态的。在人力资本外部性作用发挥的条件下，在城市内部劳动要素集聚的过程中，劳动者的人力资本禀赋转化为劳动生产率的幅度更大，劳动力市场的有效供给增加。此时，劳动力市场的供给曲线从 S 移动到 S^*。在人力资本外部性作用发挥的条件下，新产业出现、产业规模扩大，劳动市场对劳动要素的有效需求增加。此时，劳动力市场的需求曲线从 D 移动到 D^*。在人力资本外部性作用发挥的条件下，均衡态中劳动力市场有效供给与需求同时增加。在这里，劳动供给不是劳动要素数量的概念，而是劳动者生产效率发挥与供给能力提高的概念。显然，这是更符合劳动力市场理论本意的一种概念。以集聚为表现形式的劳动要素配置模式，可促进人力资本外部性作用发挥，提高劳动者人力资本禀赋转化为劳动生产率的幅度，劳动力市场中的劳动供给与需求皆增加，从 l^1 增长到 l^3。这说明，以集聚为表现形式的劳动力分布形态，是一种符合社会福利整体优化的劳动要素配置模式。城市化中形成了一种有助于人力资本外部性作用发挥的劳动要素集聚模式，是劳动力市场运行效率提高、有效劳动供给增加、经济效益增多的资源配置过程。

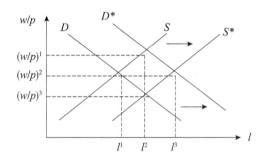

图 3-1　人力资本外部性作用下的劳动力市场均衡态演变图

　　从整个劳动力市场来说，以劳动要素集聚为内容的城市化是有助于整体福利增加的。源于传统部门劳动生产率的提高，传统部门劳动力供给的数量是不断增加的。现代部门劳动力市场需求量取决于产业及其所具有的规模收益递增属性。城市化取决于劳动力从传统部门向现代部门流动的速度与规模。城市化中的经济效益既是产业规模收益与劳动要素集聚的函数，也是劳动力流动速度与效率的函数。

　　从城市化不同的发展阶段来看，城市劳动力市场经历了从需求不足到供给不足的转变。在经济发展水平不高、产业规模较小、生产要素以资源为主的阶段，城市劳动力市场需求有限。在供给水平增加的条件下，劳动力市场均衡态下劳动力市场需求数量不变，而收入水平下降。管理部门这时需要调控劳动要素的流动速度与规模，维持劳动力市场均衡态下的收入水平能够覆盖城市居民的基本生活。在经济发展水平相对较高的阶段，现代服务业高度发展，制造业专业化与比较优势凸显，城市劳动力市场的供给有限。在需求增加的条件下,均衡态下劳动要素数量维持不变,而收入水平会增加。这时,为维持劳动力市场供求平衡,需要提高劳动力市场的供给水平,主要途径是,提高劳动者的素质与劳动要素的集聚,促进人力资本外部性作用的发挥,增加劳动力市场的总供给。同时,现代部门具有较高知识含量与经济价值的产业发展,为分工细化提供了可能,为劳动者提供合适的就业岗位,增加传统部门劳动供给与现代部门劳动需求的匹配度。在劳动力市场由需求不足转向供给不足的条件下,管理部门创造条件支持城市化中劳动要素的流动与有序集聚,将有助于增加城市劳动力市场的总需求与社会福利。

3.4 小结

劳动要素在空间范围内部的流动及其所引致的城市规模动态变化现象属于城市化的范畴。在经济发展与产业结构优化的过程中,劳动者面对的宏观环境与条件发生改变,劳动要素空间配置的优化模式亦发生变化,以自身效益优化为目标追求的劳动者会选择流动。从这个意义上说,城市化将永远处于动态发展变化中,始终与经济发展相伴随。人力资本外部性作用的发挥是城市化的经济效果,是空间范围内部要素配置效率改善的具体内容。人力资本外部性理论的本质内涵在于,交流、互动产生效率。学习、协作、分工、竞争是劳动者交流互动的具体内容,是提高劳动者人力资本禀赋经济价值的途径。正是这种交流、互动的差异,体现出经济部门特质的不同。一般而言,在社会分工细化、生产专业化的部门内部,劳动者交流的频率和效率较高,知识外溢和劳动生产率亦较高;在社会分工粗略、生产专业化程度低的部门内部,劳动者交流的频率和效率较低,知识外溢和劳动生产率亦较低。从静态的角度看,一个经济单元的劳动者素质、现代服务业发展程度、分工专业化程度是反映劳动者互动、交流频率的具体表现。从动态的角度看,经济单元在不同的工业化发展阶段上，其劳动者的互动、交流频率亦存在不同。正是源于不同经济单元内部、不同发展阶段上人力资本外部性作用发挥程度的差异，引起不同经济单元劳动生产率的不同，进而引致劳动力向现代部门流动与城市化的形成。人力资本外部性理论中关于人力资本的知识外溢效应在劳动生产率形成中的作用的观点，人力资本的集聚效应决定了城市规模、产业结构与生产效率联动的观点，解释了现代经济中城市化的形成机制。在技术进步、社会分工发展与产业现代化的条件下，在劳动要素配置市场化的前提下，社会生活中将出现劳动要素从传统部门向现代部门流动，现代部门内部劳动要素聚集并形成规模经济，城市劳动要素规模累积循环递增等城市化的具体现象。从广义的角度来说，不同经济单元的分工水平与产业状况在发展变化中，人力资本外部性作用发挥大小在变化之中，城市内部的要素生产率与有效劳动需求亦在变化之中，由此引起劳动力在空间范围内部的流动选择。可见，人力资本外部性作用的发挥是城市化中劳动要素集聚与现代部门有效劳动需求形成的驱动力量。具体说，其一，城市内部高素质劳动要素集聚，促进了人力资本外部性作用的发挥，城市内部形成劳动者工资溢价，吸引外部劳动要素流入，促进劳动要素数量的增加。知识外溢与创新是劳动要素不断在城市内部集聚并形成累积循环态势的主要原因。其二，现代部门有效劳动需求形成取决于产业现代化的程度。产业专业化与现代服务业发展的程度是区分不同经济单元有效劳动需求差异的标识。人力资本外部性作用发挥以现代化的生产方式为基础。现代服务业与专业化产业是促进人力资本外部性作用发挥的土壤。由此，城市内部现代服务业发展的程度、产业专业化的程度与城市有效劳动需求之间存在互动关系。其三，城市化中劳动要素集聚与现代部门劳动要素需求增多，是劳动力市场有效需求与供给增加的结果，是实现经济体供给增加的途径。在劳动力数量给定的条件下，形成一种良性的劳动要素集聚过程，以现代部门产业为基础增加劳动要素数量，是全要素生产率增加的一种方式，也是实现工业化发展的一种途径。同时，无论是人力资本外部性作用的发挥，还是产业构成的现代化，抑或是劳动力市场需求的增加，皆需要以高素质劳动力的大量集聚为前提条件。在高素质劳动力大量集聚的条件下，人力资本外部性作用发挥，产业结构优化，劳动力市场需求增加，城市化水平提高，微观劳动生产率与宏观经济效益同时提高。以上是人力资本外部性理论所揭示的城市化形成机制的主要内容。

第4章　人力资本外部性与微观
劳动生产率

4.1　引言

经济学视角下城市化形成原因的探讨集中于劳动要素集聚和现代部门有效劳动需求两个方面。前者是从微观视角出发揭示理性经济人在空间范围内行为选择的规律特征，后者是从宏观视角出发揭示技术条件变化对现代部门有效劳动需求的影响。本部分主要从劳动要素集聚的视角探讨城市化形成的原因。

城市化过程可以用劳动要素在自身利益的驱动下逐渐形成集聚分布的过程来加以解释。引起劳动要素集聚的根本原因在于优化的宏观环境对微观效率存在正的外部性，这种正的外部性吸引外部劳动要素流入，进而形成具有规模收益递增性质的经济单元。在这种经济单元内部，宏观环境优化与微观效率之间存在一种相互促进、累积循环的关系。正是这种累积循环的关系决定了劳动要素的动态集聚的过程，从而促进了城市化的发展。

本章节的研究目的在于详细探讨城市化过程中劳动要素集聚的形成机制，即宏观环境对微观效率存在实质性的影响，从而为理解城市化过程提供理论依据。首先在回顾劳动要素集聚相关文献的基础上，提出劳动要素集聚的主要原因在于人力资本外部性。其次，从理论上阐释人力资本外部性如何导致劳动要素集聚的过程，并从中得出了几个重要的假设。最后，采用中国流动人口动态监测调查数据，对我国城市化过程中人力资本外部性的作用进行了实证分析，并对理论假设进行了验证。最后是结论。

4.2 人力资本外部性、劳动要素集聚与城市化相关研究

目前经济学文献中有关人力资本外部性、劳动要素集聚与城市化相关关系的研究主要集中在四个方面：第一，利用劳动要素集聚解释城市化的形成过程。第二，详细探讨了劳动要素集聚促进城市化形成发展的具体机制。第三，探讨劳动要素集聚是由哪些因素导致的，最重要的因素是什么。第四，利用不同产业和城市的城市化数据对劳动要素集聚的原因，以及劳动要素集聚促进城市化的具体机制进行实证研究。我们在下面分别进行介绍。

其一，劳动要素集聚是城市化形成的主要原因。城市化是指，劳动、资本等要素从传统部门向现代部门转移的过程，其中重要的是人的城市化。劳动要素集聚是指，在一定的空间范围内，劳动要素以较快的速度向着相同的方向流动，进而呈现出空间聚合的分布态势。在经济体工业化与现代化进程中，城市化与劳动要素集聚之间存在着广泛而深刻的内在联系。例如，罗森塔尔和斯特兰奇认为，以劳动、资本、产业为载体的生产活动越来越集中于一定的地域单元内部，且呈现出一种随时间动态累加的趋势。集中分布的经济主体之间相互联系产生外部性，促进规模经济与范围经济形成，经济单元内部生产活动具有规模递增效益，从而推动城市化的进程（Rosenthal and Strange，2003）。赛奇利和埃尔姆斯利提出，经济活动的密度是创新产生的启动因子。正是源于要素

集聚所具有的创新效应，城市得以产生、形成与发展（Sedgley and Elmslie，2011）。法夫汉普斯和哈明亦指出，劳动要素集聚有助于形成竞争性的市场环境，以促进市场主体创新动力的迸发，有助于提高市场主体的信息交换频率，由此形成的外部性可提升微观劳动生产率与全要素生产率（Fafchamps and Hamine，2017）。

其二，对劳动要素集聚引起城市化的具体机制进行了研究，这一具体机制集中在劳动要素集聚所形成的产业组织效率上。例如，罗森塔尔和斯特兰奇指出，现代市场竞争愈加激烈，快速决策、迅速变化、充满活力与具有企业家精神的高效产业组织成为现代经济的一种客观需要，而劳动要素聚集为高效产业组织形成提供现实的土壤（Rosenthal and Strange，2004）。马丁和奥塔维亚诺指出，经济要素的集聚与生产效率的增长存在一种相互促进的关系。在要素集聚分布的生产环境中，劳动者互动所产生的外部性可减少创新成本，进而促进经济发展。同时，在充满创新活力的经济单元内部，技术、信息、知识获取的便捷性吸引外部劳动要素流入，进而促进劳动要素集聚（Martin and Ottaviano，2001）。特里帕西和库马尔则提出，聚集在大规模城市内部的市场主体具有流动资金量大、经营利润高与产品市场价值大的特点，具有较高经济价值与较强市场竞争力的市场主体易于形成集聚分布的态势（Tripathi and Kumar，2017）。从这些文献的结论看，劳动要素集聚导致产业组织效率提高，产业组织效率提高反过来又促进了劳动要素集聚，这种双向作用机制是导致城市不断发展的重要原因。

其三，现有文献对劳动要素集聚的形成原因进行了大量的研究，其视角亦涵盖了劳动市场供求、产业组织效率、劳动者行为选择等方面，但最为根本的解释机制依然在于人力资本外部性理论的内涵，人力资本外部性是最基础的解释因素。人力资本外部性通过三个渠道解释了人力资本如何促进了劳动要素集聚的过程：第一，人力资本外部性通过降低成本促进了劳动集聚。例如，惠勒认为，在技术进步与生产方式迅速变革的过程中，市场主体存在生成、发展、更替的循环过程，市场主体对劳动要素技能的需求亦处于不断变化之中。在这种情况下，劳动要素集聚分布可减小市场主体的搜寻成本，增加劳动要素的流动频率，促进新知识的产生与创造（Wheeler，2001）。第二，人力资本外部性通过知识扩散促进了劳动集聚。例如，罗默认为，附着在劳动者身上的知识具有外部属性，在有限空间范围内与劳动者高频率互动会引起知识流、信息流的快速运转，劳动者间生产行为相互作用并形成紧密联系的网络（Romer，1986）。置身于具有知识、信息密集特征网络空间内部的劳动者，在与他人互动学习的过程中，潜移默化的提高自身劳动生产率。因此，作为知识的承载主体，劳动者在自身效益的驱动下，会逐渐向知识、信息密度大的空间内部流动，从而形成劳动要素集聚的分布态势。戴维斯等指出，劳动要素集中分布于一定的地域单元内部，是新技术加速应用，知识外溢空间范围扩大与规模经济效益形成的需要（Davis，2014）。另外，人力资本外部性具有累积循环的属性，这种属性决定了经济单元内部要素生产效率具有优势累加性质，进而形成劳动要素动态聚集的分布态势。杉勒亦提出，在劳动要素动态集聚的过程中，相较于微观经济价值的实现，微观劳动者人力资本禀赋所产生的宏观经济价值更为明显（Czaller，2017）。这是人力资本外部性的具体表现，也是规模收益递增与全要素生产率增加的有效途径。可见，源于人力资本外部性所具有的知识外溢与累积循环特征，劳动要素呈现一种动态集聚的分布趋势。第三，人力资本外部性通过知识创造和创新促进了劳动集聚。例如，帕尔托指出，要形成一种有助于劳动者面对面交流、学习创新氛围形成、行业规范制定与治理模式建立的市场环境，劳动要素集聚分布是一种有效的途径（Parto，2008）。格莱泽和戈特利布指出，随着技术进步与信息社会发展，引起城市内部要素集聚现象的原因，正在从节约产品运输费用向加速思想流动的方向转变（Glaeser and Gottlieb，2009）。同时，格莱泽在《使城市运转》一书中写道："知识生产的过程是向他人持续学习的过程，城市是促进新思想产生的有效方式。"（Glaeser，2009）总体来看，人力资本外部性作用是引起劳动要素集聚的最为基础的因素，人力资本外部性作用的发挥一方面会导致知识外溢，知识创造和创新，而知识外溢效应和创新效应会导致劳动者生产效率提高，从而导致产业效率增长，促进城市化扩展；另一方面，人力资本外部性也会导致劳动市场中劳动者个体和企业在搜寻匹配过程中降低成本，从而进一步促进产业效率提升，促进了城市化的发展。

其四，从实证研究的角度看，目前文献主要集中在两个方面：第一，从现代产业实践的视角，专门研究某类产业的劳动集聚如何引起产业组织效率增长，以证明劳动集聚导致城市化产生和发展的具体机制。例如，安奇尔在对半导体行业的研究中发现，以知识创造为主要内容的半导体行业内部，短期雇佣、流动性强、高效匹配成为一种需要。正是这种需要促成了劳动要素集聚的现象（Angel，1989）。兰提西研究了纽约服装产业的集聚现象，指出"历史街区通过提供一套独特的技能和资源……快速传播有关市场趋势和新设计创新的信息"，为市场主体创新、知识外溢、共享行业规则提供了可能，进而引致现代服务产业的集聚分布（Rantisi，2002）。福尔曼等研究发现，在信息通信、生物制药、医疗器械等现代产业内部，创新活动呈现愈加集聚的趋势（Forman，2016）。这些研究说明，经济要素集聚分布是现代产业创新活动形成与发展的一种需要。产业的发展引起了城市化的进一步扩张。第二，从人力资本外部性视角出发，采用各种城市数据，从宏观和微观的角度对劳动要素集聚的影响进行实证研究。从宏观层面的经济变量相关性的研究看，西科恩和豪尔研究具有代表性。他们的研究通过考察经济活动密度与活力的相互促进关系来说明人力资本外部性的存在（Ciccone and Hall，1996）。但从经济活动密度到效率的连接机制多种多样，人力资本外部性仅为其中一种机制。为此，这种研究方法难以凸显人力资本外部性在劳动要素集聚形成中的重要作用。从微观层面作用机制分析看，拉赫具有代表性。拉赫通过考察宏观环境对微观效率的影响来说明人力资本外部性存在的具体形态（Rauch，1991）。这种方法从劳动者流动行为的驱动力出发，道出了劳动要素从分散走向聚合的根本原因，进而能够把握劳动要素集聚形成的实质。

通过文献分析可知，关于劳动要素集聚的研究主要集中于解释劳动要素集聚是如何产生的，其中人力资本外部性理论是最为重要的一个解释因素。笔者认为，目前的主要问题是没有一个形式化的人力资本外部性解释劳动要素集聚的理论模式。同时，实证方面有关人力资本外部性、劳动要素集聚与城市化之间关系的研究还不是很完善。基于此，本书将劳动要素集聚形成机制的研究集中于人力资本外部性的视角，厘清人力资本外部性理论的内涵与形式，提出人力资本外部性在劳动要素集聚形成中的作用具体表现为宏观环境对微观效率的影响，并使用计量方法从宏观环境影响微观效率的视角对劳动要素集聚的形成机制进行实证研究。

4.3 人力资本外部性视角下劳动要素集聚形成机制的解释

人力资本外部性理论作为解释劳动要素集聚形成机制的主要经济理论，其内涵与形式对于理解劳动要素集聚的形成机制具有重要的意义。我们在本部分首先界定人力资本外部性理论的内涵，在此基础上我们对人力资本外部性作用劳动要素集聚的过程进行数学形式化，从而为后文的实证研究提出一些假设。

1. 人力资本外部性理论的内涵

外部性是解释要素之间联系性及其相互作用机制的经济学概念。外部性概念的本质在于，置身于整个生产体系之中的劳动者，其行为不可避免会对其他劳动者的生产效率产生影响。这种影响就是所谓的外部性。这是一种能够产生实质性经济效益的行为结果。

劳动者人力资本禀赋具有这种经济学意义上的外部性。空间范围内劳动要素密度越大、交流频率越高、联系越密切，这种外部性作用越大。这种外部性具体表现为劳动者在人力资本使用过程中所产生的知识溢出。置身于集聚环境中的劳动者，既是知识外溢的给予方，也是知识外溢的接受方，劳动者在与其他劳动者互动的过程中，通过知识、信息的相互外溢，实现微观效率的共同提高。

基于人力资本外部性作用的存在，在人力资本存量高、密度大的经济单元内部，知识、信息加工生产复杂程度越高，思想创新能力越强，产业链条附加价值越大，劳动者微观生产率溢出效应越明显。劳动生产效率的价值衡量是劳动价格，劳动价格是引致外部劳动者行为选择的有效信号。在信息充分供给与要素自由流动的条件下，这种信号将驱动劳动者向人力资本水平高、要素密度大的经济单元内部集聚。经济单元内部亦形成规模递增效应。

源于人力资本所具有的外部属性与规模递增效益，经济单元人力资本存量及其所引致的技术创新，促进了高端制造业与知识型服务业发展，进而优化经济单元内部的产业结构。这种优化的产业结构为劳动者生产效率潜移默化的提高提供了外部条件。人力资本外部性理论阐述了宏观环境与微观效率的循环互动关系。即宏观人力资本存量直接作用于微观效率，宏观人力资本通过优化产业结构间接作用于微观效率。这成为解释劳动要素集聚态势形成的主要依据。

2. 人力资本外部性具体形态的数量关系

以人力资本外部性理论为基础的劳动者生产效率(productivity)实现公式为：$p_i = f_p(h_i, H_i, A_i)$。其中，h_i、H_i、A_i分别表示微观人力资本禀赋、宏观环境人力资本存量、宏观环境要素集聚变量。微观人力资本禀赋与宏观环境集聚变量是宏观环境人力资本存量的函数。即：$h_i = f_h(H_i)$，$A_i = f_a(H_i)$。根据人力资本外部性理论，劳动者人力资本禀赋及其所处的经济环境人力资本存量对微观劳动生产效率具有促进作用。

即：$\partial p_i / \partial h_i > 0$，$\partial p_i / \partial H_i > 0$，$\partial h_i / \partial H_i > 0$，$\partial A_i / \partial H_i > 0$。对于劳动者而言，其所处的经济单元整体人力资本存量具有部分公共品属性，知识、信息能够在经济单元内部劳动者间流动、共享。经济单元内部人力资本存量对微观效率作用的大小取决于人力资本存量及其结构特征。人力资本存量的数量（H_q）、空间分布（H_{sd}）、交流密切程度（H_{cc}）①是促进人力资本外部性作用发挥及微观效率提高的主要因素。即：$\partial p_i / \partial H_q > 0$，$\partial p_i / \partial H_{sd} > 0$，$\partial p_i / \partial H_{cc} > 0$。宏观环境人力资本存量的数量、质量、空间分布与交流密切程度可优化微观效率。这可视为人力资本外部性的直接作用过程。即劳动者通过接收知识外溢而实现自身人力资本禀赋的增加，进而实现微观劳动生产效率的提高。

宏观环境人力资本存量是经济要素集聚的初始源泉。经济集聚为要素组合形式多元化、配置效率优化、产业链条高端化、创新涌现提供可能，有助于空间范围内部经济结构高度化。在优化的经济结构内部，产业链条高端化为生产活动提供了有利的条件。经济单元内部结构优化为劳动者密切交流与生产合作提供客观环境，进而提高微观劳动生产率。也就是说，人力资本外部性（H_{hce}）、经济结构优化（H_{eso}）、经济集聚度（H_{ea}）可促进微观劳动生产率提高②。这是人力资本外部性的间接作用机制，即：$\partial p_i / \partial H_{hce} > 0$，$\partial p_i / \partial H_{eso} > 0$，$\partial p_i / \partial H_{ea} > 0$。总之，经济单元内部的人力资本存量及其所引致的经济效果对微观效率存在外部性。城市因要素集聚而产生，是人力资本外部性作用发挥的良好载体。劳动者空间流动与集聚的过程正是城市化过程的具体形态。

由上述理论分析，我们可以得到人力资本外部性对劳动要素集聚与城市化影响的假设为，宏观整体人力资本存量、经济结构高度化与经济

---

① H_q、H_{sd}、H_{cc}下角标分别为 quantity、spatial distribution、communication closeness 的缩写。

② H_{hce}、H_{eso}、H_{ea} 分别为 human capital externality、economic stuctural optimization、economic agglomeration。

要素集聚程度对微观劳动生产效率存在影响。人力资本外部性作用机制的逻辑如图 4-1。接下来我们将对该假设进行实证考察。

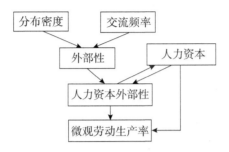

图 4-1 人力资本外部性作用发挥的机制图

4.4 微观劳动生产率形成机制的实证考察

本部分以经济实际数据为依据,选用一种实证方法对劳动要素集聚的微观作用机制,即宏观环境影响微观效率,进行实证考察。

1. 人力资本外部性微观作用机制研究的实证方法

从宏观环境影响微观效率的视角分析人力资本外部性的具体实现形态包括静态与动态两个过程。从静态看,宏观环境人力资本存量通过影响微观人力资本禀赋进而影响微观劳动生产效率;宏观环境人力资本存量亦会通过优化经济结构影响微观人力资本禀赋及劳动生产效率。从动态看,宏观环境人力资本存量通过外部性作用吸引要素集聚,要素集聚为经济结构优化提供了条件。在这种累积循环作用中,微观劳动生产率得到提高。

劳动生产效率可以通过劳动收入表现出来。作为劳动生产率的价格衡量,劳动收入可表示为关于劳动者性别、年龄、年龄平方、户籍、教育、婚姻等个人禀赋特征变量的回归方程。即：$y_{ij} = \alpha_{oj} + \alpha_{1j}x_{1ij} + \alpha_{2j}x_{2ij} + \alpha_{3j}x_{3ij} + \alpha_{4j}x_{4ij} + \alpha_{5j}x_{5ij} + \alpha_{6j}x_{6ij} + \varepsilon_{ij}$。其中，$\alpha_{1j}$、$\cdots$、$\alpha_{6j}$ 表示劳动者收入关于个人禀赋特征变量的回归系数，α_{0j} 为截距项，ε_{ij} 是残差项，x_{1ij}、$\cdots$、x_{6ij} 分别表示劳动者个体禀赋特征变量，包括教育（x_{1j}）、性别（x_{2j}）、年龄（x_{3j}）、年龄平方（x_{4j}）、户籍（x_{5j}）、婚姻（x_{6j}）。劳动者个人禀赋特征变量对劳动收入的截距项与回归系数亦受其所处的宏观环境经济变量的影响。$\alpha_{oj} = \beta_0 + \lambda_0 c_{kj} + \mu_{oj}$。其中，$c_{kj}$（$k = 1$、$2$、$3$）表示经济单元经济特征变量，$\lambda_0$ 表示经济单元经济特征变量的回归系数。本研究所选取的反映经济单元经济特征指标包括人力资本存量（c_{1j}）、经济结构（c_{2j}）与经济集聚（c_{3j}），μ_{oj} 是残差项，β_0 是截距项。$\alpha_{1j} = \beta_1 + \lambda_1 c_{kj} + \mu_{1j}$。$\lambda_1$ 表示经济单元经济特征与劳动者人力资本的宏观微观交互项。根据研究的需要，本文主要考虑宏观环境经济变量对微观劳动者人力资本经济效益的影响，暂不考虑宏观环境经济变量对其他微观禀赋特征变量(性别、年龄、户籍、婚姻)经济效益的影响。即：$\alpha_{ij} = \beta_i$（$i = 1$、$\cdots$、6）。故而，可以得到劳动者收入的回归方程如下：$y_{ij} = \beta_0 + \lambda_0 c_{kj} + \mu_{oj} + (\beta_1 + \lambda_1 c_{kj} + \mu_{1j})x_{1ij} + \beta_2 x_{2ij} + \beta_3 x_{3ij} + \beta_4 x_{4ij} + \beta_5 x_{5ij} + \beta_6 x_{6ij} + \varepsilon_{ij}$。其中，$k = 1$、$2$、$3$。经济环境经济特征变量还包括经济结构（$c_{2j}$）与经济集聚（$c_{3j}$）（谢宇，2013）。文章分别对这些宏观层面经济变量与劳动者微观人力资本经济效益作交互项，探究这些宏观层面经济变量对微观劳动生产效率的影响。

2. 人力资本外部性微观作用机制研究的实证数据

为验证人力资本外部性理论在我国情境下的现实形态与适用性，用我国省、自治区、直辖市(不包括港澳台地区)的微观调查数据与宏观统计数据进行实证分析。本文所使用的微观数据是国家卫生计生委流动人口服务中心主办的 2017 年度全国流动人口动态监测数据。宏观数据主要来自《中国统计年鉴(2018)》《中国城市统计年鉴(2017)》。根据已有文献，本文选取衡量经济单元人力资本存量的指标为各省拥有大专及以上学历的人数占比；经济结构的指标为信息传输、计算机服务和软件业，金融业，房地产业，租赁和商业服务业，科学研究、技术服务和地质勘查业这五个行业人员数占全部服务业人员数的比值与第三产业产值占比除以第三产业就业占比；经济集聚度的指标为地区生产总值除以行政区域土地面积与规模以上工业企业数除以行政区域面积。研究中变量展示如下。

表 4-1　　　　人力资本外部性作用机制研究的变量介绍

变量名		变 量 含 义
个人层面		
收入	lincome	上个月收入
教育	edu	未上过学＝0，小学＝6，初中＝9，高中＝12，专科＝15，本科＝16，研究生＝19
性别	gender	男性＝1，女性＝0
年龄	age	2017年时的年龄
户籍	hukou	非农业户口＝1，农业户口＝0
婚姻	marriage	已婚＝1，未婚＝0
城市(省级)层面		
人力资本	proh	大专以上学历人数占比
经济结构	emp3higher	信息传输、计算机服务和软件业，金融业，房地产业，租赁和商业服务业，科学研究、技术服务和地质勘查业这五个行业人员数占全部服务业人员数的比值
	ration3	第三产业产值占比除以第三产业就业占比
经济集聚	gdpagg	地区生产总值除以行政区域土地面积
	epagg	规模以上工业企业数除以行政区域面积

注：①数据来源于"2017年全国流动人口动态监测数据"《中国城市统计年鉴(2017)》《中国统计年鉴(2018)》；②在回归过程中，收入、地区生产总值除以行政区域土地面积与规模以上工业企业数除以行政区域面积指标进行了取对数处理。

3. 人力资本外部性微观作用机制研究的实证结果

为了论证人力资本外部性的具体形态及其作用机制，本文根据前文的分析框架与实证模型，使用 OLS 回归分析与多层线性模型方法进行实证分析与检验。实证结果见表 4-2、表 4-3。

表 4-2 人力资本对个体劳动者收入的回归分析

VARIABLES	（1） lincome	（2） lincome	（3） lincome	（4） lincome	（5） Lincome
edu	0.0289 ***	0.0300 ***	0.0323 ***	0.0285 ***	0.0294 ***
	（0.000490）	（0.000512）	（0.000518）	（0.000504）	（0.000506）
gender	0.259 ***	0.266 ***	0.261 ***	0.263 ***	0.263 ***
	（0.00284）	（0.00292）	（0.00296）	（0.00290）	（0.00291）
age	0.0474 ***	0.0468 ***	0.0483 ***	0.0477 ***	0.0480 ***
	（0.00117）	（0.00122）	（0.00123）	（0.00120）	（0.00121）
age2	−0.000672 ***	−0.000664 ***	−0.000679 ***	−0.000674 ***	−0.000678 ***
	（1.45e−05）	（1.51e−05）	（1.53e−05）	（1.49e−05）	（1.50e−05）
hukou	0.0534 ***	0.0492 ***	0.0626 ***	0.0657 ***	0.0643 ***
	（0.00366）	（0.00373）	（0.00377）	（0.00372）	（0.00374）
marriage	0.1000 ***	0.127 ***	0.129 ***	0.110 ***	0.108 ***
	（0.00471）	（0.00491）	（0.00497）	（0.00482）	（0.00484）
proh	0.00839 ***				
	（0.000165）				
emp3higher		0.0122 ***			
		（0.000191）			
ration3			0.150 ***		
			（0.00407）		

续表

VARIABLES	(1) lincome	(2) lincome	(3) lincome	(4) lincome	(5) Lincome
lgdpagg				0.0633 ***	
				(0.00121)	
lepagg					0.0399 ***
					(0.00100)
constant	6.695 ***	6.422 ***	6.586 ***	6.243 ***	6.439 ***
	(0.0216)	(0.0230)	(0.0233)	(0.0246)	(0.0241)
observations	132,845	117,856	117,808	121,595	121,643
R-squared	0.147	0.170	0.150	0.157	0.149

注：*、**和***分别在10%、5%和1%的显著性水平下显著。

表 4-3 　　　人力资本对个体劳动者教育回报率的回归分析

VARIABLES	(6) lincome	(7) lincome	(8) lincome	(9) lincome	(10) Lincome
edu	0.0200 ***	0.0172 ***	0.0274 ***	0.0184 ***	0.0223 ***
	(0.00308)	(0.00337)	(0.00259)	(0.00575)	(0.00476)
gender	0.260 ***	0.268 ***	0.268 ***	0.265 ***	0.266 ***
	(0.00277)	(0.00283)	(0.00283)	(0.00280)	(0.00280)
age	0.0476 ***	0.0481 ***	0.0481 ***	0.0473 ***	0.0473 ***
	(0.00114)	(0.00118)	(0.00118)	(0.00116)	(0.00116)
age2	−0.000663 ***	−0.000670 ***	−0.000670 ***	−0.000661 ***	−0.000661 ***
	(1.42e−05)	(1.47e−05)	(1.47e−05)	(1.44e−05)	(1.44e−05)
hukou	0.0441 ***	0.0493 ***	0.0493 ***	0.0508 ***	0.0507 ***
	(0.00373)	(0.00392)	(0.00393)	(0.00389)	(0.00389)
marriage	0.111 ***	0.115 ***	0.115 ***	0.115 ***	0.115 ***
	(0.00465)	(0.00483)	(0.00483)	(0.00473)	(0.00473)

续表

VARIABLES	(6)	(7)	(8)	(9)	(10)
	lincome	lincome	lincome	lincome	Lincome
proh	−0.000554				
	(0.00333)				
prohedu	0.000746 ***				
	(0.000177)				
emp3higher		0.00445 ***			
		(0.00169)			
emp3higheredu		0.000305 ***			
		(0.000114)			
ration3			0.120 ***		
			(0.0354)		
ration3edu			−0.00165		
			(0.00238)		
lgdpagg				0.0301 ***	
				(0.00954)	
lgdpaggedu				0.000876	
				(0.000664)	
lepagg					0.0210 ***
					(0.00767)
lepaggedu					0.000403
					(0.000536)
constant	6.759 ***	6.614 ***	6.608 ***	6.499 ***	6.568 ***
	(0.0613)	(0.0525)	(0.0430)	(0.0834)	(0.0699)
observations	132,845	117,856	117,808	121,595	121,643
number of groups	31	282	281	287	288

注：* 、**和 ***分别在 10%、5%和 1%的显著性水平下显著。

根据实证研究的结果可得到以下结论：

第一，宏观整体人力资本存量既直接影响劳动者收入，也间接地通过影响劳动者的教育回报率影响劳动者收入。表4-2显示，经济单元大专以上学历人数占比对劳动者收入的影响系数统计上显著。表4-3显示，经济单元大专以上学历人数占比与劳动者人力资本交互项对劳动者收入的影响系数显著为正。宏观环境人力资本存量影响微观劳动生产效率的原因在于，一方面，在人力资本存量高的经济单元内部，劳动者生产互动所产生的知识外溢效应可提高微观劳动者人力资本禀赋与劳动生产率。另一方面，当劳动者置身于人力资本存量高的经济单元内部从事生产活动时，劳动者与种类更为多元、活跃度更高的经济要素配合将产生更高的劳动生产率。

第二，经济结构优化既直接影响劳动者收入，也间接地通过影响劳动者教育回报率进而影响劳动者收入。表4-3显示，信息传输、计算机服务和软件业，金融业，房地产业，租赁和商业服务业，科学研究、技术服务和地质勘查业这五个行业人员数占全部服务业人员数的比值对劳动者收入的影响系数显著为正，信息传输、计算机服务和软件业，金融业，房地产业，租赁和商业服务业，科学研究、技术服务和地质勘查业这五个行业人员数占全部服务业人员数的比值与劳动者人力资本的交互项对劳动者收入的影响系数显著为正。第三产业产值占比除以第三产业就业占比对劳动者收入的影响系数显著为正，而第三产业产值占比除以第三产业就业占比与微观劳动者人力资本的交互项系数统计上不显著。这说明，经济单元服务业经济价值直接影响劳动者收入，而经济单元服务业经济价值通过劳动者教育回报率影响劳动者收入的路径不明显。经济结构优化是人力资本存量所引致的技术进步和创新能力产生的经济效果。人力资本存量可驱动创新科技产业迅速发展，带动产业链条高端化与完整化，引致经济单元内部经济结构优化。这样的经济结构为劳动者提供优化的外部条件，合作生产、交流互动、共享市场，优化的经济结构对微观劳动者存在溢出效益。

第三，经济单元的经济集聚度可直接提高微观劳动者收入水平。表 4-3 显示，地区生产总值除以行政区域土地面积与规模以上工业企业数除以行政区域面积对劳动收入的影响系数显著为正；地区生产总值除以行政区域土地面积、规模以上工业企业数除以行政区域面积与劳动者人力资本的交互项对劳动收入的影响系数统计上不显著。这说明，经济单元经济集聚度通过影响劳动者教育回报率进而影响劳动者收入的路径不明显。要素集聚为经济单元内部各种资源要素进行重新组合提供了可能。在资源要素数量不增加的条件下，要素集聚亦可提高经济效率。人力资本存量高的经济单元形成对各种经济要素的吸引力，将不同种类经济要素聚集起来，促进微观经济效益优化。整个经济单元也因要素集聚所产生的经济溢出效应而形成经济余值。人力资本存量高的经济单元吸引更多经济要素集聚，集聚起来的经济要素互相配合与互补可提高经济单元整体要素生产率。由此形成一种累积循环与优势递增趋势。这正是规模经济效益实现的微观具体过程。总的说，宏观环境经济特征与微观效率之间存在一种内在的联系性。

对于不同的劳动者群体，经济环境产生的人力资本外部性作用大小不同。

其一，相较于男性群体来说，女性群体生产效率受其所处环境的人力资本外部性作用更大（见表 4-4）。不同性别的劳动者从事工作的类型与内容存在较大的差异。在机械生产、轮船制造、电气生产等行业中，男性劳动者比例占绝对优势。女性劳动者更多的从事社会组织、行政管理、教育卫生等服务业。不同的行业内部劳动者的工作内容与分工程度差异较大。面对面提供产品是服务业的主要特征。即便互联网的广泛使用为错开服务产品供给与消费的时间提供了技术上的可能，市场环境依然对服务产品的生产活动产生较大的影响。更多分布于服务业的女性群体受环境特征的影响较大。

表 4-4　　　人力资本对不同性别的个体劳动者收入的回归分析

VARIABLES	(1)	(2)
	Lincome	Lincome
edu	0.0274 ***	0.0290 ***
	(0.000727)	(0.000672)
age	0.0423 ***	0.0532 ***
	(0.00187)	(0.00154)
age2	-0.000604 ***	-0.000747 ***
	(2.39e-05)	(1.86e-05)
hukou	0.0566 ***	0.0518 ***
	(0.00560)	(0.00483)
marriage	0.0249 ***	0.156 ***
	(0.00733)	(0.00617)
proh	0.00933 ***	0.00765 ***
	(0.000248)	(0.000222)
constant	6.845 ***	6.811 ***
	(0.0330)	(0.0293)
observations	57,870	74,975
R-squared	0.097	0.109

注：***p<0.01，**p<0.05，* p<0.1。(1)是女性样本，(2)是男性样本。

　　其二，相较于农业户口劳动者群体来说，非农业户口劳动者群体受到其所处环境的人力资本外部性作用更大(见表 4-5)。一般而言，户籍特征与劳动者的生产内容相关联。源于素质禀赋、劳动技巧、社会网络等因素，农业户口劳动者更多的从事简单重复性、依靠体力完成的基础性工作。农业户口劳动者生产活动的效率受其周围劳动者的影响较小。

表 4-5　　　人力资本对不同户籍的个体劳动者收入的回归分析

VARIABLES	(1)	(2)
	Lincome	Lincome
edu	0.0267***	0.0351***
	(0.000567)	(0.000964)
gender	0.262***	0.256***
	(0.00324)	(0.00579)
age	0.0474***	0.0460***
	(0.00132)	(0.00255)
age2	−0.000681***	−0.000619***
	(1.63e−05)	(3.13e−05)
marriage	0.107***	0.0760***
	(0.00546)	(0.00920)
proh	0.00724***	0.0116***
	(0.000194)	(0.000311)
constant	6.741***	6.615***
	(0.0244)	(0.0479)
observations	105,304	27,541
R-squared	0.129	0.185

注：***p<0.01，**p<0.05，* p<0.1。(1)是农业户口，(2)是非农业户口。

其三，相较于高中及以下学历劳动者群体来说，大专及以上劳动者生产效率受到其所处经济环境的人力资本外部性作用更大(见表 4-6)。受教育年限较长的劳动者，倾向于从事具有创造性、依靠脑力劳动完成的工作。这些工作的特点在于分工极为细化，劳动者在互动、交流的过程中能够掌握工作的主要内容，并需要依赖于自身的工作能力与创造性完成工作。这样的工作性质决定了劳动者的生产活动受到其所处的环境的影响较大。宏观环境的支持程度与劳动者的创造性、能力发挥程度具有某种程度的一致性。

表4-6 人力资本对不同学历的个体劳动者收入的回归分析

VARIABLES	（1）	（2）
	lincome	Lincome
gender	0.281***	0.229***
	(0.00321)	(0.00603)
age	0.0406***	0.0674***
	(0.00128)	(0.00349)
age2	−0.000624***	−0.000830***
	(1.57e-05)	(4.68e-05)
hukou	0.0724***	0.0570***
	(0.00443)	(0.00609)
marriage	0.109***	0.0565***
	(0.00576)	(0.00798)
proh	0.00699***	0.0126***
	(0.000198)	(0.000286)
constant	7.137***	6.651***
	(0.0228)	(0.0597)
observations	109,435	23,410
R-squared	0.107	0.186

注：***p<0.01，**p<0.05，* p<0.1。（1）是高中及以下学历样本，（2）是大专及以上样本。

其四，从不同年龄层次的群体来看，29岁及以下样本的劳动者生产效率受其所处宏观环境的人力资本外部性作用最大，30至45岁样本的劳动者生产效率受其宏观环境的人力资本外部性作用次之，46岁及以上的样本最小（见表4-7）。在不同的时代背景下成长的劳动者，从事行业的类型、工作的种类、知识的掌握程度存在较大的差异。年龄越小的劳动者，其正规学习年限越长，工作的内容更具有创新性、主动性、灵活性。在这种环境下工作的劳动者，其受到周围劳动者生产活动的影响较大。因而，经济环境的人力资本外部性对这部分群体的作用最为明显。人力资本外部性，作为连接宏观生产活动效率与微观劳动生产率的一种机制，其作用发挥的大小即受到宏观环境特征的影响，也受到微观劳动者特征的影响。异质性的分析进一步的佐证了人力资本外部性作用的大小与宏观环境特征相关联的论点。

表 4-7　人力资本对不同生命周期的个体劳动者收入的回归分析

VARIABLES	(1)	(2)	(3)
	lincome	lincome	Lincome
edu	0.0227 ***	0.0338 ***	0.0315 ***
	(0.000926)	(0.000654)	(0.00117)
gender	0.214 ***	0.284 ***	0.233 ***
	(0.00511)	(0.00388)	(0.00707)
hukou	0.0564 ***	0.0400 ***	0.0667 ***
	(0.00680)	(0.00494)	(0.00903)
marriage	0.155 ***	0.0594 ***	0.0230
	(0.00514)	(0.00813)	(0.0273)
proh	0.00964 ***	0.00862 ***	0.00593 ***
	(0.000306)	(0.000224)	(0.000403)
constant	7.508 ***	7.486 ***	7.461 ***
	(0.0124)	(0.0111)	(0.0293)
observations	35, 046	69, 385	28, 414
R-squared	0.106	0.141	0.091

注：***$p<0.01$，**$p<0.05$，* $p<0.1$。(1)是 29 岁及以下样本，(2)是 30 至 45 岁样本，(3)是 46 岁及以上样本。

4.5 小结

本文从动态视角下的劳动要素流动出发，利用人力资本外部性理论解释了这种要素流动形成劳动集聚的原因，即宏观环境对微观劳动者生产效率的影响，这是导致劳动要素流动从而形成劳动集聚，进而导致市场效率和产业组织效率提升，使得城市化发生和发展的过程。并且，文章利用中国流动人口动态监测数据对这一机制进行了实证研究，从经验上验证了这一机制。我们由此可以得到以下几点启示：第一，动态视角下劳动要素流动与劳动集聚是要素优化组合与经济效益实现的需要，也是形成市场效率和产业组织效率的重要原因，而宏观环境对微观劳动者生产效率的影响是关键性的解释因素。经济学者常从静态视角观察生产要素的优化组合问题，即在一定的空间范围内部，使用固定数量和种类的要素通过一定的组合形成产出。这种静态的资源配置模式显然不符合微观效益的需求，亦不符合宏观效益的需求。就微观效益而言，外部环境的不同意味着劳动者生产潜能发挥的程度不同；就宏观效益而言，生产要素种类与数量在空间范围内部重新组合，可促进产出增加。因此，劳动要素作为经济生活中一种重要的生产要素，其流动成为一种必然。劳动要素集聚态势是这种流动过程的结果。第二，人力资本外部性可以作为解释宏观环境对微观劳动者生产效率影响的基本因素。正是人力资本外部性的作用发挥，形成高效资源要素组合形式，从而导致了劳动集聚。城市内部劳动者的聚合意味着知识、信息等生产要素的集聚，通过优化组合并形成经济外溢与创新，将惠及每一位劳动者。而这又进一步吸引外部以自身效益优化为目标的劳动要素聚集。因此，劳动要素集聚是劳动者基于自身效益优化不断选择的结果，符合帕累托资源动态配置形式，是促进经济高效运行的内生机制。"如果某一种变化有利于每一个人，那么对于这个社会来说它就必定是一个好的变化"（森，2000）。

从某种程度上说，城市化过程中劳动要素集聚正是这样一种"好的变化"。需要说明的是，劳动要素集聚趋势是基于短期视角观察得出的结论。长期视角下劳动要素集聚的经济效果，应该是一种容纳了效率与公平的综合效益实现。第三，人力资本外部性通过知识外溢、创新和降低市场成本三个渠道影响劳动要素集聚，即一定的劳动要素分布模式所具有的经济效果应该反映在知识外溢、创新和降低市场成本上。一种有助于创新的劳动要素分布模式必然是一种具有效率的模式，劳动集聚正是这样一种分布模式。鉴于人力资本所具有的部分公共品属性与创新功能，应发挥财政在人力资本投资中的重要作用。同时，劳动要素集聚分布态势的形成需要以信息充分供给与要素自由流动为前提。为此，经济管理部门应该在几个方面有所作为。一是加大交通、通讯基础设施投资力度并减少要素流动的制度性障碍。合理规划铁路、公路、航空等基础设施建设布局，减小要素流动的心理和物质成本。科学设计户籍、土地、社会保障制度，降低要素流动过程中的效用损失。二是提高劳动就业服务水平并保证岗位信息的充分供给。加强劳动力市场中介服务机构建设，为劳动力跨地区流动就业提供较好的社会服务。保证就业岗位信息供给的针对性与充分性，为劳动力与就业岗位在更广阔的空间范围内实现匹配提供条件。三是科学规划城市基础设施与建筑布局以营造和谐、融洽的城市社区氛围。城市社区形成文化创意园、高新技术产业园、商业贸易园区等多种特色集聚园区，以有限的空间范围容纳数量众多的劳动者从事生产活动，为其交流互动提供机会与条件。城市合理规划布局是连接经济活动密度与生产活力、创造力、效率的纽带。总之，形成一种有助于人力资本外部性作用发挥的劳动要素集聚分布模式，是城市化有序推进的有效途径，也是经济持续发展的内在要求。

第5章 产业、人力资本外部性与现代部门劳动需求

5.1 引言

当现代部门有效劳动需求形成时，劳动要素以自身效益优化为目标从传统部门向现代部门流动，以弥补现代部门劳动供给的不足，[①] 从而形成城市化。现代部门有效劳动需求是指，在产品存在广泛的社会需求与劳动者生产潜能得到最大化发挥的条件下，现代部门生产活动顺利进行所需要的劳动数量。在产业走向现代化的过程中，人力资本外部性作用得到发挥，技术进步与知识外溢效应明显，现代部门劳动生产率提升，产品的市场需求与经济价值增加，劳动要素集中分布所形成的规模效益[②]增大，现代部门内部形成有效劳动需求。可见，产业现代化是经济生活中现代部门有效劳动需求增加与城市化发展的动力所在。已有学者研究产业的发展与城市化水平之间的关联性，但鲜少研究产业如何作

[①] 这里考虑的是城市化过程的理想状态，即城市化过程主要取决于现代部门对劳动要素的吸纳力，且在这种吸纳力存在时，劳动要素能够向现代部门流动。现代部门指的是制造业与服务业。

[②] 劳动要素集聚形成较大的规模效益是指，伴随着劳动要素数量的增加，劳动者的边际产品价值一直处于较高水平的状态。

用于城市化的具体机制。过去在分析产业结构问题时，常常将产业划分为农业与非农业部门，而对非农业部门内部的产业结构问题缺乏探讨。伴随着经济的发展与生产内容的复杂化，为区分不同经济单元现代部门产业结构的异质性，应该对非农业部门作进一步的区分，将非农业部门划分为工业与服务业部门。现代部门内部工业与服务业的对比关系可以进一步地体现出经济单元产业结构的异质性。服务业不再是工业部门的附庸，而是引导经济发展方向，带动工业与农业进步，生成现代部门有效劳动需求的主要部门。将研究的视角投向现代化部门的产业构成，探讨现代化产业如何导致城市化的作用机制，① 是城市化动力机制问题研究系统化的内在要求。

为研究城市化的动力机制问题，在深度分析人力资本外部性理论内涵的基础上，发现现代化产业的属性与特征在解释现代部门有效劳动需求形成时具有重要的作用。人力资本外部性理论表明，经济单元现代化产业是人力资本外部性作用发挥的土壤，在现代部门有效劳动要素需求形成中具有重要的作用，并且这种作用在不同的经济发展阶段上具有不同的表现。产业视角下城市化的形成机制是，现代化产业的发展可放大人力资本外部性的作用，促进知识外溢与技术创新，为扩大产业规模提供支持条件，经济生活中就业岗位供给数量增加，劳动者工资溢价形成并吸引外部劳动要素流入，进而增加现代部门有效劳动需求数量，② 并促进城市化发展。利用数据对以上机制进行了实证研究。在目前的发展阶段上，具有较高经济价值的现代服务业是促进现代部门有效劳动要素需求形成的中心环节。在人力资本储量提高的过程中，相对于工业而言，现代服务业对人力资本外部性的发挥具有更大的作用，在现代部门

---

① 现代化产业是指，服务业中的信息传输、计算机服务和软件业，金融业，房地产业，租赁和商业服务业，科学研究、技术服务和地质勘查业等产业，制造业中具有研发性质的部门也纳入现代化产业的范围。

② 人力资本外部性是指劳动者在生产活动过程中相互作用、相互影响而形成的劳动生产率提高的经济效应。

就业岗位的创造与劳动要素容纳力的形成中起到重要的作用，构成了城市化的推动力量。若要推进城市化进程并释放城市化的经济效益，发展具有较高经济价值的服务业是重要的环节。高素质劳动要素在少数大规模城市内部集中分布，是技术创新与人力资本外部性作用发挥的有利条件，是经济生活中现代服务业发展的支持土壤，是现代部门有效劳动要素数量增加与城市化发展的有效途径。

5.2 现代化产业发展与城市化关系的理论概述

产业是现代部门生产活动的技术条件与生产效率的集中反映，是一系列存在合作、竞争关系的市场主体的集合。产业技术条件的改进依赖于集中分布条件下的劳动者在互动、交流中所形成的知识外溢与创新。产业所具有的属性与特征决定了生产活动对劳动要素的需求规模。相对于传统部门而言，现代部门的主要特点在于产业现代化程度较高。在产业现代化发展的过程中，生产内容更新与生产方式改进的速度加快，劳动者互动、交流的频率与效率较高，市场主体开发出新的技术与新的产品，以支持产业规模的扩大与现代部门有效劳动需求的增加。现代化产业的发展与现代部门有效劳动需求的联接机制在于，人力资本外部性作用发挥中所形成的新技术、新产品与知识外溢。正是现代化产业的工艺属性与生产特征决定了，经济单元内部需要形成一种有助于人力资本外部性作用发挥的劳动要素集中分布模式，在此过程中现代部门有效劳动需求增多、城市化实现发展。

1. 现代化产业发展所依赖的知识生产活动具有集中分布与累积循环的特征

产业现代化是指市场主体以生产要素为基础，运用科学技术并使用先进的机器设备，生产出具有更高经济价值的产品的过程。现代化的主要特点在于，生产方式与工艺、机器设备与技术的现代化。现代化产业本质上是一种知识生产活动。而知识生产活动天然地具有劳动要素集中分布的特征。其一，知识生产活动是劳动者将不同领域的、看似不相关的知识，通过脑力加工以生成新的具有更高价值的知识，并应用到生产活动中来的过程。劳动者充分发挥自身的人力资本禀赋与主观能动性，是知识生产活动顺利进行的前提（Malecki，1985）。而劳动者的知识融合与脑力加工能力需要在市场竞争激烈与知识外溢明显的空间范围内部培养与开发。若要发挥主观能动性与提升知识生产活动的效率，劳动者需要选择到知识外溢明显的空间范围内部集中分布。而劳动要素分布密度大是知识外溢生成的必备条件。其二，知识生产活动是劳动者依托于不同类型、不同领域、不同时间的信息进行生产的。"巧妇难为无米之炊"。劳动者接收大量的、不同领域的、最新的或者古老的、即时的知识，将知识结合、酝酿、发酵、开发，以生产出新的知识。空间范围内部不同类型的市场主体集中分布，是劳动者获取各种类型知识的必备条件，是知识生产活动得以顺利进行的基础（Fallick et al.，2006）。劳动者为了获得更多的、最新的、流动中的知识，会选择在知识储量较大的地域单元内部进行知识生产活动。其三，知识生产活动是劳动者无意识的脑力开发，是一种在生产实践中的收获，需要一种宽松的生产氛围。宽松的氛围是一种长期累积，是一种文化的延续，是一种制度的设计。宽松且具有创新活力的生产氛围，其主要特点在于，文化的多样性，知识的不同属性，产业的多元化。在创新氛围浓郁的空间范围内部集中分布的市场主体，可学习先进的知识理念、管理流程与组织模式，以提高知识生产活动的效率。其四，实现知识生产活动的市场价值，是市场主体知识生产活动顺利进行的必要环节。及时获取市场的需求信息，根据变化中的市场情况研发设计出符合市场需求的产品，是市场主体知识生产活动实现经济价值的关键（Caniels and Romijn，2005）。当市场主体集中分布时，产品的供给方与需求方空间距离接近，产品的供给方更容易获得需求方的信息反馈与中介服务机构的支持、帮助，更高效率的实现知识生产活动的市场价值转化。其五，知识生产活动是一个复杂的系统工程，需要研究机构的技术供给，管理部门的合理规划与制度供给，商业组织的市场信息等多方力量支持。空间范围内部形成一种成熟的创新体系，是市场主体知识生产活动得以顺利进行的前提条件。经济单元的知识生产活动具有累积循环的性质，即具有知识生产比较优势的空间会吸引更多的市场主体集中分布，进而扩大生产活动对劳动要素的需求规模。其六，知识生产活动是兼具高风险与高收益的市场行为。大规模的投入资金、资源、要素是市场主体减小知识生产活动风险并提高创新活动效率的重要环节(Simmie and Sennett，1999)。无论是高素质劳动者的创新活动，还是研发机构的专业知识生产活动，抑或是中小企业的创业活动都离不开物质、资金、制度的支持。而物质、资金、制度的投入产出活动，具有边际成本递减的特点，即投入的规模越大，平均到每个市场主体与劳动者的单位物质、资金、制度成本越低。知识生产活动集中分布具有降低成本与提高效率的作用。可见，现代化产业发展所依托的高效率的知识生产活动，是要素大规模投入的结果，天然的具有劳动要素集中分布的特征。

2. 现代化产业规模扩大所依赖的新产品开发活动具有路径依赖的特征

现代化产业的生命力在于开发新产品。市场主体运用脑力加工生产出符合消费者更高需求层次的产品，是打开产品的需求市场并扩大产业的生产规模的关键，在此过程中市场主体会增加就业岗位的供给数量(Reenen，1997；Audretsch，1998)。在产品具备更高市场价值的条件下，劳动者的生产活动才具有一定的收入溢价。市场主体就业岗位供给的增加与劳动者的收入溢价是现代部门有效劳动需求形成的重要标志。其一，新产品的生产需要依托于成熟的工艺或技术，而生产工艺的开发活动具有一定的地域集中分布特征。市场主体需要不断的运用新技术并改善生产工艺，以生产出更多满足消费者更高需求层次的产品（Propris and Driffield，2006）。工艺设计与技术开发活动具有较大的外部性特征，集中分布在一定空间范围内部的市场主体相互作用，有助于开发与改进生产工艺，形成一种高效的生产活动氛围。市场主体亦将集中分布在生产工艺成熟的地域单元，以提高新产品开发活动的效率。其二，现代化产业中产品的技术含量较高且生产工艺复杂，而生产环节的细化与协调配合有助于提高技术的应用程度与生产活动的效率。市场主体的集中分布为生产环节的细化与生产的专业化提供了支持条件，劳动者得以专注于自身的生产领域，提高生产的专注度与工艺改进的效率。为提高生产工艺的驾驭能力与改进效率，产业链条上某个环节的市场主体需在其他市场主体的互动配合中完成产品的生产过程，具有相互关联性的市场主体将在地域单元内部集中分布（Ellison et al，2010）。不同市场主体的集中分布与相互配合，是提高生产活动效率的重要环节，是产业走向现代化的内在要求。其三，现代化产业中新产品的开发依托于研发活动，而研发活动具有累积循环的性质。市场主体需要相互支持与配合以完成知识的研发活动到应用过程，且需要在短时间内连续完成多个环节才能在市场上获得有利的位置。知识生产活动需要建立在一定知识储量的基础上，经过劳动者深度加工与思考，以形成新的知识。以知识研发、生产与应用为主要内容的市场主体，集中分布在一定的地域范围内部，不同市场主体相互配合共同形成相对完善的知识生产系统，是提高研发活动效率的关键（Kahn and Lim，1998）。高效率的研发活动是新产品开发活动顺利进行的技术支持条件。其四，现代化产业中的产品生产、研发、制造、销售时间周期在缩短，处于不同生产环节上的市场主体需要在一定的空间范围内部集中分布才能形成高效的产业体系。具有上下游关联性的市场主体选择集中分布，处于不同生产环节的市场主体形成相互配合与支持的关系，是市场主体研发与设计出新产品并实现较高市场经济价值的关键，是提高生产活动对劳动要素需求数量的重要环节(Bresnahan et al.,2002)。产品的开发活动具有路径依赖的特征,集中分布的市场主体可提高新产品开发的效率,并形成综合性的产业体系,社会生活中形成了对劳动要素的大规模需求。

3. 现代化产业发展所依赖的技术创新活动需要劳动者大规模集聚的环境

伴随着经济的全球化与技术的加速开发,知识等无形的要素在世界范围内部大规模的流动,新技术从开发到应用的时间周期在缩短,技术开发的利益辐射范围更广,开发与应用新技术对于市场主体保持动态比较优势,获取优化的贸易条件、提高市场竞争力具有重要的作用(Audretsch,1998)。处于技术研发前沿的市场主体能占据最大的市场份额,在市场竞争中获取有利的地位并收获较好的经济效益。现代社会的高度发展,产品的功能、内容与形态已经发展到了一定的水平。在过去被认为是具有较高技术含量的产品,对于现代社会来说可能是一种生活的必需品。在现有技术的基础上,技术的改进与功能的更新的空间在缩小。为了获得一点技术上的进步,在市场竞争中获得有利的位置,企业需要投入大量的劳动力、资金等要素集中生产与研发。即便如此,也难以短时间内获得极大的改进,既难以拓宽劳动者的需求层次,亦难以实现产品的经济价值。可见,现代社会中的技术创新,是一种需要大量的资金要素投入的生产活动,是大量的高素质劳动者合作、不同企业协调配合共同完成的结果。新技术的开发有赖于集中分布的劳动者在生产互动的过程中所迸发出的新理念与新知识。市场主体对于新技术的及时与广泛的应用,有赖于集中分布的市场主体之间相互的协调与配合及其所产生的技术外溢。现代化产业发展所依赖的新技术开发与应用是在高素质劳动者大量集聚并产生知识外溢与创新的基础上实现的。

从短期视角看,现代化产业发展中的知识生产活动,在提高生产效率的同时,减小了市场主体就业岗位的创造能力,缩小了现代部门的有效劳动需求。在市场需求不变、产品形态单一，但技术条件大规模改进的情况下，现代部门生产活动对劳动要素的需求量确实存在不升反降的现象。尤其是，在生产要素比价扭曲，技术变革以劳动节约为方向，低效率引起慢积累的条件下，现代部门生产活动对劳动要素需求量紧缩的现象更加明显（Williamson，1971）。但需要指出的是，这是以工业发展作为主要考量的结果，而没有考虑到现代服务业发展的现状与趋势。在技术进步的条件下，产品形态更新的速度加快，产品质量与功能改进的可能性增大，新思想可以生产出具有较高经济价值的新产品。而新产品的生产，以空间范围内部劳动要素大规模集中分布，并产生知识外溢与创新为前提条件。在较长的时间范围内考量，技术的进步与广泛应用，可开发现代服务产品，拓宽产品的销售渠道，提高消费者的需求层次，增加生产活动的经济价值，为市场主体数量的增加与规模的扩大提供支持条件。在技术进步与现代服务业发展的条件下，现代部门就业岗位供给的数量增加，劳动者收入水平提高，现代部门生产活动对劳动要素的需求量将增大。

总而言之，经济单元的城市化水平与现代部门有效劳动需求是产业现代化程度的增函数。产业的发展程度决定经济活动的生产函数与生产活动对劳动要素的需求量。在外部环境与技术条件发生变化的情况下，不同经济单元产业发展的方向存在差异，由此引起经济单元内部生产活动投入产出效率的不同。这种不同引起经济部门内部有效劳动需求数量的不同。在要素自由流动的条件下，劳动者将会从投入产出效率低的部门向投入产出效率高的部门流动，在高效率的经济单元内部形成一种劳动要素集中分布的态势。正是源于现代化产业具有一种有助于人力资本外部性作用发挥的特征与属性，生产活动的要素回报率与规模效益较高，现代部门有效劳动需求规模较大。由此，产业现代化程度、现代部门劳动生产率与现代部门有效劳动需求规模之间形成了相互联动、相互促进的关系。现代部门有效劳动需求形成机制如图 5-1 所示。

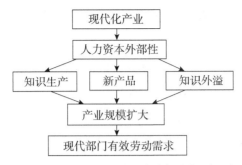

图 5-1 现代部门有效劳动需求形成逻辑图

5.3 人力资本外部性视角下产业现代化对城市化的作用

劳动要素在现代部门集中分布可产生较大的规模效益与较高的劳动生产率,是城市化良性推进的重要标识。在经济发展的不同阶段上,在不同的经济单元内部,产业现代化程度不同,由此引致劳动生产率与规模效益不同。在产业走向现代化的过程中,生产活动中服务产品所占的比重增加,产业发展所依赖的技术条件发生改变,空间范围内部知识外溢程度加深,现代部门劳动生产率提高且形成溢价,生产活动规模扩大且有效劳动需求增加。劳动者在空间范围内部的集中分布,是创新活动高效进行,劳动生产率提高,产业内容更新速度加快,生产规模扩大的有利条件。现代部门产业现代化程度愈高,劳动者交流频率与效率愈高,知识外溢效应愈加明显,劳动者工资溢价愈大,现代部门就业岗位创造能力愈强,生产活动对劳动要素的需求愈大,城市化水平愈高。

1. 现代化产业是知识外溢与创新的土壤。在人力资本外部性作用发挥的条件下,在以现代化产业为主要内容的城市内部,劳动生产率提升且劳动者收入水平提高

劳动者人力资本禀赋转化为收入的幅度是人力资本外部性作用发挥

的集中反映。这个过程需要经历两个环节。第一个环节是从劳动者的人力资本禀赋到劳动生产率的转换。在现代化产业内部,劳动者主观能动性与创新发挥的空间大,劳动者人力资本禀赋转化劳动生产率的幅度大。第二个环节是从劳动生产率到收入的转换。在现代化产业内部,产品种类多、形态新、质量高,更符合消费者的偏好,市场经济价值更大,劳动者的劳动生产率转化为收入的幅度更大。现代化产业的生产活动可放大人力资本外部性的作用,高素质劳动要素能够创造较大的经济价值,进而形成较高的工资水平。

其一,以知识创造与技术进步为表现形式的人力资本外部性对农业、工业和服务业劳动生产率的作用大小存在不同。这种差异是由各部门生产工艺与产品属性决定的。从生产工艺看,技术进步通过更新机器设备间接提高了农业、工业部门的劳动生产率;而技术进步与知识创新会直接作用于服务产品生产的每个环节,决定服务产品的质量与价值,服务业的劳动生产率。在人力资本存量提高的条件下,服务业劳动生产率提高的幅度更大。从产品属性看,服务部门产品生产主要依赖于创新思维,具有种类多样与更新快速的特征;工业部门产品以功能更新与质量提高为内容,具有一定的差异化特征;农业部门产品质量与数量相对稳定。符合消费者偏好的服务产品,其价格较高且需求较大,进而导致服务部门劳动者收入水平提高较快。源于消费市场对服务产品的需求大,服务业的生产活动对劳动要素的需求量较大。可见,人力资本与服务业的劳动生产率正相关;人力资本与现代部门的劳动要素数量正相关。

其二,劳动者的人力资本禀赋转化为劳动生产率的幅度取决于人力资本外部性作用发挥的程度。生产环节的分工专业化程度决定了人力资本外部性作用发挥的程度。从某种程度上说,现代部门劳动生产率大于劳动者收入的程度可视作人力资本外部性作用发挥的具体表现。由此,劳动者收入与劳动生产率之间的比例关系在一定程度上能够反映城市内部人力资本外部性作用的大小。源于服务产业内部分工专业化程度大于制造业，在人力资本存量提高的条件下，现代服务业内部劳动者的收入与劳动生产率的比值大于工业与农业部门。这是劳动力从传统部门向现代部门，从工业部门向现代服务业部门转移，可提高自身劳动生产率的原因所在。可见，劳动生产率与收入的比值是人力资本外部性的具体表现，人力资本外部性大小与人力资本正相关；人力资本外部性大小与现代服务业发展程度正相关。

2. 在现代化产业内部，要素生产率提高且规模效益增加，现代部门就业岗位的供给增大

农业、工业与现代服务业部门劳动生产率提高皆依赖于部门内部生产活动规模递增效益的实现，而不同部门内部规模递增效益形成的基础与条件存在差异。其一，农业、工业与现代服务业部门规模递增效益形成依赖的资源要素种类不同。农业规模效益形成主要依赖于土地资源的集聚，制造业部门规模递增效益的形成依赖于具有上下游关联性市场主体内部机器、设备、劳动、资源的集聚，服务业规模效益的形成依赖于劳动要素的集聚。劳动要素集聚对现代服务业部门规模效益形成的贡献度更高。其二，在人力资本储量整体提高的条件下，农业、工业与现代服务业部门规模效益提高的幅度存在不同。现代服务产品的生产依赖于劳动者的脑力、智慧，需要大量劳动者相互配合得以完成。服务业部门规模递增效益形成对劳动者素质要求最高。工业部门产品生产过程与机器密切相关，其产品生产的每个环节皆需劳动者与机器的高度配合。工业部门规模递增效益形成对劳动素质的要求在于劳动者熟练使用机器的技能。农业部门产品生产主要依赖于土壤、气候等自然资源，规模效益实现取决于自然资源供给，对劳动者素质的要求在于农业生产知识的掌握与农业器械的使用技能。可见，城市内部人力资本储量的提高，对现代服务业规模效益的贡献度大于农业与工业。其三，在人力资本储量提高的条件下，劳动要素集聚与现代服务业的生产方式相结合，可形成较

大的规模效益,创造出符合消费者偏好的服务产品。在此过程中,现代部门形成有效劳动需求。现代服务业内部规模效益对劳动生产率的贡献度更高。对于劳动者来说,如果劳动者在服务业所创造的劳动生产率大于其在农业与工业部门,那么,劳动者将会从农业与工业部门向现代服务业部门流入,从而引起现代服务业劳动要素数量的增加。可见,在经济发展进程中,人力资本与服务业生产效率正相关;服务业生产效率与劳动者收入水平正相关;服务业生产效率与现代部门劳动要素数量正相关。

3. 在工业发展达到高度发达的阶段后,发展现代服务业是现代部门进一步提升劳动要素容纳力的途径

在经济体从初级向高级阶段过渡的过程中,现代部门的生产活动所依赖的条件,经历了从资本集聚向劳动要素集聚的演变。现代部门有效劳动需求结构是指现代部门内部工业对劳动要素需求与服务业对劳动要素需求的比较关系。在城市发展从初级阶段到高级阶段演进的过程中,城市内部人力资本储量提高,现代部门内部工业与服务业劳动要素容纳力的比较关系发生演变。在发展的初级阶段,城市内部以工业生产为主、服务业为辅,城市内部人力资本储量的增加会提高劳动者的生产效率。如果工业产品的市场需求在扩大,那么,城市对劳动要素的需求将出现一个上升的阶段;若工业产品的市场需求在缩小,那么,城市对劳动要素的需求将经历了一个下降的阶段。在发展的高级阶段,城市内部以现代服务业为主。相对于工业来说,现代服务业的产品多样性更加突出,产业规模扩大的潜力更大,要素的投入产出效率更高,市场需求更加广阔,服务业生产对劳动要素的需求会增加。城市内部人力资本储量的提高将提升劳动生产率、增加创新能力、形成新产品,扩大市场需求,现代部门对劳动要素的需求将存在一个上升的过程。在经济发展成熟阶段,工业对劳动要素的需求有限,服务业对劳动要素的需求增加。

现代服务业发展为城市化进程带来新的机遇，是推动城市化发展的有利条件。管理部门需要创造条件支持现代服务业发展，以推进城市化。可见，分阶段看，在经济发展初期，人力资本存量与第二产业劳动要素占比正相关；在经济发展快速阶段，人力资本存量与服务业劳动要素占比正相关。

5.4 人力资本外部性视角下产业现代化与城市化的关系

　　源于经济体内部不同经济单元的城市化水平存在较大的差异，通过不同经济单元的比较，可探索出城市化水平的决定因素。在一定的经济发展阶段上，不同经济单元的城市化差异是客观存在的，需要依据不同的城市化发展现状提出差异化的城市化发展策略。现代部门有效劳动需求形成是推进城市化进程的关键。现代部门有效劳动需求表现为，一是现代部门就业人口数的增长，二是就业劳动者收入的增加，三是从工业到现代服务业的转变，四是劳动生产率高于收入。在理性劳动者以自身效益优化为目标而流动的过程中，各城市人力资本储量、工业化发展水平、现代部门劳动要素数量及其内部结构、现代服务业发展程度等指标差异较大。这些指标之间的联系如何。指标之间的相关性是否能印证理论分析的结论。如果各城市经济指标之间的联系符合理论预期，至少可以在某种程度上说明城市化运行符合经济规律，城市化的经济价值亦实现。本部分选取 2010 年省、自治区、直辖市（不包括港澳台地区）城市级数据，对现代部门劳动要素的影响因素进行了分析。此阶段，劳动要素流动的市场化水平高，经济规律在城市化过程中起着重要的作用。数据来自《中国城市统计年鉴》与各市第六次人口普查主要数据公报。

1. 现代部门劳动要素数量与工资水平的影响因素

现代部门劳动要素需求增加最直接的表现在于,工业与服务业就业人数的增加。如果现代部门工业与服务业的就业人数增加,说明现代部门存在容纳劳动力的能力。就业是劳动者生存、发展的需要,也是劳动者在城市内部创造经济价值的途径。如果城市化中现代部门劳动要素数量增加,而劳动者就业量没有相应的增加。这意味着城市对劳动力的吸纳,是源于城市较好的生活环境与基础设施吸引了外来人口,而这些外来人口没有在城市获得相应的就业岗位,没有机会在城市内部创造经济价值。城市人口的增加意味着城市负担的加重、基础设施的不堪重负、公共服务资源的供给缺口。实践证明,这样的城市化将是不利于经济持续发展的。现代部门有效劳动需求增加的表现在于,现代部门就业数量的增加。同时,现代部门就业岗位的供给不仅是劳动就业数量的增加,更重要的是劳动者工资水平的提高。如果现代部门劳动就业岗位供给数量的增加,伴随的是劳动者工资水平的降低。这说明,就业岗位的增加是以牺牲效率换取的。这是我国传统体制下曾经出现的现象,劳动者的工资水平与劳动就业数量之间存在的此消彼长关系。这是不符合效率优化与现代经济发展方向的。现代经济的良性发展所需要的是,现代部门就业岗位的增加与劳动者收入水平的增长。可见,现代部门有效需求增加的表现还在于,就业劳动者收入的增加。接下来,将对各变量之间的关系进行普通最小二乘(OLS)回归分析,以探究现代部门工资水平与现代部门劳动要素数量的影响因素。研究中,因变量选取现代部门(工业与服务业)劳动力数量对数(ldemand)与职工平均工资对数(lw);自变量为人力资本储量(大专以上文化程度人口与全市常住人口的比值)(hc);中介变量为服务业比较劳动生产率(服务业产值占比与服务业就业占比的比值)(ration3),该指标很好地说明,城市内部,相对于农业与工业来说,服务业创造经济价值能力;控制变量为地区生产总值

（lgdp）与实际利用外资额（lopenup）。

结果显示，其一，现代部门人力资本储量与现代服务业发展正相关。城市内部高素质劳动者占比增加，有助于技术供给与知识创造，在城市内部形成劳动要素的规模效益，进而实现现代部门服务业的发展。其二，城市内部高素质劳动者占比、服务业比较劳动生产率与现代部门职工平均工资正相关。城市内部人力资本外部性作用的发挥，可以形成知识外溢与工资溢价。较高的收入水平是吸引外部以自身效益优化为目标追求的劳动者流入的主要原因。其三，城市内部高素质劳动者占比、服务业比较劳动生产率对现代部门劳动力数量的变化解释力度较大。城市内部现代服务业的发展，有助于人力资本外部性作用的发挥，形成知识外溢与创新，服务业生产规模扩大，服务产品供给增加，服务业就业岗位增多，城市对劳动者的就业容纳力增大。其四，人力资本储量、服务业比较劳动生产率、生产总值、实际利用外资额对于现代部门劳动力数量的解释力度为 0.822，而对于劳动者收入的解释力度为 0.453。可见，相对于现代部门劳动就业数量来说，劳动者收入受到分配制度等因素的影响，市场化程度相对较弱。实证结果也从另一个角度说明，在我国经济发展的现阶段上，不同城市的现代部门劳动就业数量差异在很大程度上，可以由城市内部人力资本存量、服务业比较劳动生产率来解释。从整体的视角看，我国较为发达的经济单元已经进入了以现代服务业发展创造就业岗位的阶段。

在多个产业结构指标中，城市的服务业比较劳动生产率，是解释现代部门劳动就业数量的重要变量，是沟通人力资本存量与现代部门劳动就业数量关系的桥梁。服务业比较劳动生产率是指，一定份额的劳动力创造的服务业产值份额。该指标反映的是，经济单元内部，相对于农业与工业，服务业的重要性。即从经济单元整体看，服务业就业人员经济价值创造能力在全部就业人员中的相对位置。经济单元内部的农业、工业已经具备了良好的基础，为现代服务业发展作了充足的准备。一般来说，服务业就业数量与经济价值的创造，是与工业经济价值的创造能力相对应的。经济单元内部，服务业就业人员的经济价值创造能力相对于农业、工业提高了，这说明现代服务业发展水平达到了一个高度。服务业的比较劳动生产率是最能够反映服务业现代化水平、服务业经济价值、服务业在整个经济体系中的相对重要性、服务业的相对生产效率的指标。服务业比较劳动生产率的提高，意味着服务业成为带动经济单元经济整体增长的重要部分。而服务业之所以能够成为带动经济体整体增长的主要行业，原因在于农业、工业产品产量的增加，市场价格的下降，居民消费构成中农产品、工业品所占的比例下降。服务业产品不断出现，质量不断提高，种类不断丰富，服务产品的市场价格提升，并逐步占据了居民的消费空间，在居民消费构成中的占比上升。在全球化发展、技术供给充裕与劳动者素质提高的条件下，经济单元能够发展具有较高经济价值的现代服务业。这是高度发达的经济单元所具备的一种产业结构。

表 5-1　　现代部门劳动需求数量影响因素的回归分析

VARIABLES	(1)	(2)	(3)	(4)	(5)	(6)
	Lw	ration3	Lw	Ldemand	ration3	Ldemand
hc	1.785***	1.619***	1.585***	7.721***	1.619***	6.746***
	(0.254)	(0.320)	(0.264)	(0.678)	(0.320)	(0.682)
ration3			0.123**			0.602***
			(0.0487)			(0.126)
lgdp	0.104***	0.0372	0.0990***	0.688***	0.0372	0.665***
	(0.0192)	(0.0242)	(0.0191)	(0.0513)	(0.0242)	(0.0495)
lopenup	−0.00790	0.0174**	−0.0100*	0.0119	0.0174**	0.00143
	(0.00591)	(0.00743)	(0.00591)	(0.0157)	(0.00743)	(0.0153)
constant	8.661***	−0.194	8.685***	−9.138***	−0.194	−9.021***
	(0.265)	(0.333)	(0.262)	(0.706)	(0.333)	(0.678)
observations	265	265	265	265	265	265
R-squared	0.439	0.282	0.453	0.806	0.282	0.822

注：*、**和***分别为10%、5%和1%的显著性水平下显著。

　　可见，现代服务业，而不是整个服务业，具有要素集聚效应。在经济发展的现阶段上，是现代服务业，而不是整个服务业，在促进现代部门就业岗位增加中起到重要作用。在这里，现代服务业与传统服务业之间的区别在于，是否能够创造较大的经济价值。一方面，现代服务业的发展促成了劳动力在空间范围内部集聚与现代部门劳动要素数量增加的态势。另一方面，大规模的劳动力在少数几个城市内的聚集，城市内部现代部门劳动要素数量的增加，是现代服务业发展的有效途径。具有多样化特征的服务业不同于传统的工业部门。在工作量固定的条件下，工业部门劳动就业数量的增加，意味着劳动者收入水平的降低。服务业劳动就业岗位的创造，是源于服务产品的供给能产生额外的经济价值。在这种情况下，服务业劳动就业数量的增加与收入水平的提高是联动的。这亦说明，目前现代部门有效劳动需求主要来源于具有较高经济价值的服务产业的就业岗位创造。基础服务业是伴随着城市存在与人口增多而必然出现的基础行业，专业化程度相对较低，而以金融、房地产为代表的现代服务业分工专业化程度高，有助于人力资本外部性作用的发挥。正如伊文思所描绘的，依托于信息通信技术、交通基础设施的发展，现代服务业可将业务范围延伸至各个角落。现代服务业的业务主体将集中分布在一定的地域范围内部，这样"大城市的功能，便从商品贸易转为商品权利的贸易，从转移商品变为转移文件"。①

　　目前的经济发展阶段决定了，城市化的动力来自高素质劳动力的聚集，来自具有较高经济价值的服务业发展。城市化的进一步发展依赖于具有多样化特征的服务业发展。以多样化为特征的服务业发展有助于人力资本外部性作用的发挥，是知识外溢与创新的良好载体，是促进城市化发展的推动力量。目前已经到了一个以高素质劳动力集聚为表现形式的城市化阶段了。这样的城市化模式有助于经济结构转型、产业附加价值提高、创新活动涌现与比较优势形成。进一步的城市群子样本考察得

① 伊文思著：《城市经济学》，上海远东出版社1992年版，第13页。

到结论，人力资本储量始终是影响现代部门劳动就业数量的重要因素；而在考虑人力资本的条件下，成渝城市群、珠江三角洲城市群、京津冀城市群服务业比较劳动生产率是现代部门劳动就业数量的重要影响因素。这表明，在经济发展水平较高的城市群内部，人力资本储量、现代服务业发展与现代部门劳动就业数量之间具有良性互动的关系。

2. 不同经济发展阶段上，现代部门有效劳动需求影响因素的演变

在经济发展的初级阶段，现代部门工业对劳动要素的容纳力较大。在经济发展的高级阶段，现代部门服务业对劳动要素的容纳力更大。以人力资本水平为横坐标，以第二产业就业占比为纵坐标画散点图。① 可以看出，在人力资本储量从较低水平到 0.1 区间内部，样本点密集分布，且第二产业就业份额主要分布于 35% 与 55% 之间。人力资本储量从 0.1 到 0.15 区间内部，第二产业就业份额主要分布在 40% 与 60% 区间。该区间内部样本点的第二产业就业份额的数值处于较高水平。而在人力资本水平大于 0.15 的区间内，第二产业就业份额出现下降的趋势。可见，在城市经历了从人力资本存量低水平向高水平发展的过程中，第二产业就业份额经历了一个从低水平到高水平再到低水平的抛物线分布过程。这个分布过程可以看作是动态视角下城市内部第二产业就业份额的变迁。同时，以人力资本水平为横坐标，以服务业就业份额为纵坐标的散点图，可以看出样本点分布在经历了一个短暂的下降之后迎来上升的趋势。在人力资本水平高的城市内部，服务业就业占比是增加的。在第二产业基础上成长起来的现代服务业对劳动要素的吸纳力是在创新、效率的基础上形成的。这是处于高级发展阶段的城市就业结构转换的方向。

---

① 依托于 2010 年的城市数据。

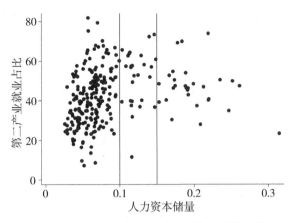

图 5-2 人力资本与第二产业就业占比散点图

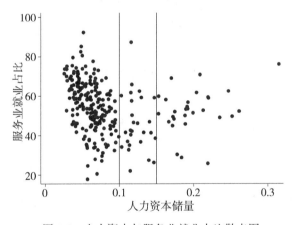

图 5-3 人力资本与服务业就业占比散点图

从整体看，现代部门劳动要素需求与服务业经济价值创造密切相关。但是从不同经济发展阶段上看，依然有很多城市处于经济发展相对较为初级的阶段。在这个阶段上的城市，现代部门就业岗位主要取决于工业经济价值的创造。这进一步说明，源于不同城市处于不同的经济发展阶段，其城市化的启动因子也存在不同。处于较高经济发展阶段上的城市，服务业经济价值的创造对于城市化发展至关重要。而处于较低经济发展阶段上的城市，工业经济价值的创造对于城市化的发展重要程度更高。现代服务业所具有的规模效益、对高素质劳动力的依赖特点决定了现代服务业只能集中在少数几个城市内部获得发展。大部分城市的就业岗位创造与城市化水平提高依然取决于工业的发展。

动态视角下，现代部门有效劳动需求的形成原因经历了一个变化，从工业到现代服务业的转变。虽然城市劳动就业容纳力的影响因素在于现代服务业的发展。但现代服务业发展需要经历一个工业发展的时期。城市化工作需要覆盖到每一个城市，尤其是城市化水平相对落后的城市，其城市化发展是经济体城市化推进的潜力之所在。从散点图可以看出，经济发展相对落后的城市，其现代部门就业数量主要与工业产值比重正相关。也就是说，经济发展相对落后的城市推进城市化的关键在于工业的发展。经济实践表明，任何一个城市，都难以从经济基础薄弱阶段直接跃升至现代服务业高度发达阶段。工业的发展是城市物质生产的保障、是奠定经济基础的关键。以发达的工业为基础，引进资金、技术、人才发展现代服务业，是现代服务业良性发展的保障。毕竟，服务业的本质是服务于实体经济。在居民满足基本的物质需求之后，才能形成对现代服务产品的需求。否则，现代服务业的发展将是"无源之水、无本之木"。

3. 城市生产效率与人力资本储量、现代化产业发展的关系

经济良性循环条件下，劳动生产率始终高于劳动者工资。劳动者的工资体现了经济价值的分配。如果在经济并未获得相应增长的条件下，工资水平提高了，那么这是不利于长远发展的。劳动者工资增长是建立在经济增长的基础上，是依托于经济实力的良性分配。可见，良性循环状态下现代部门有效需求增加的表现在于，劳动生产率高于收入。人力资本外部性的微观表现是劳动者的社会生产率大于个人生产率。在人力资本存量越高的城市内部，人力资本外部性作用发挥越大，劳动生产率与工资的比值越大。这里假设劳动者的工资与个人生产率具有一致性。

将城市的人均地区生产总值与平均职工工资的比值作为人力资本外部性作用大小的代理变量。现代部门的劳动者生产率与工资并不必然相等。尤其是，在人力资本外部性作用发挥的条件下，知识外溢作用促使劳动者的边际劳动生产率大于工资水平。伴随着人力资本储量的提高、现代服务业比较劳动生产率的增加，人力资本外部性的代理指标分布趋势从密集向分散发展。人均地区生产总值与平均职工工资的比值大于1的样本点，人力资本水平较高；而人均生产值与平均职工工资的比值小于1的样本点，人力资本水平相对较低。这说明，在人力资本储量提高、现代服务业发展程度提高的条件下，人力资本外部性作用发挥较大，知识外溢程度确实有所提高。需要指出的是，在整体样本中，人力资本水平低且知识外溢效应小的样本占绝大多数，而人力资本水平高且知识外溢效应大的样本占相对少数。这些数量较小的样本城市内部所具有的知识外溢属性是推动经济体创新、现代服务业发展的关键力量。城市体系中劳动要素集中分布于少数城市是经济体创新发展的必备条件，是经济体系循环前进的内生要求。这进一步验证了知识生产、创新活动、高素质劳动者的集聚属性，决定了较大的知识外溢作用发挥集中于少数几个城市。

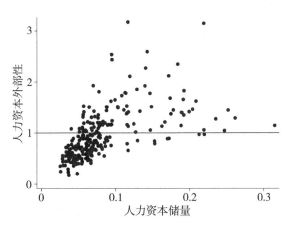

图 5-4　人力资本与人力资本外部性的散点图

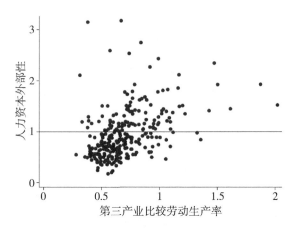

图 5-5 第三产业比较劳动生产率与人力资本外部性的散点图

劳动生产率大于劳动者收入的幅度越高,意味着城市内部的有效劳动需求形成更为良性,即现代部门内部劳动者收入的增加是以产值的创造为前提条件的。从整体看,大部分城市的服务业比较劳动生产率小于1,说明城市内部的服务业产值创造份额小于服务业劳动力数量的份额。大部分城市内部创造经济价值的主要还是工业,服务业创造较大经济价值的只有少数的几个城市。这说明,不同城市内部的经济结构异质性很大,由此引起的现代部门有效劳动需求差异大。这种经济结构异质性的存在,是不同城市以自身禀赋为基础,区别性的发展工业与服务业,以实现现代经济生产活动中的"专业化"与比较优势的需要。劳动生产率与劳动者工资的对比数据中,劳动者工资使用的数据是"职工平均工资",显然这个数据是没有涵盖城市内部所有就业者的平均工资水平,尤其是流动人口、自由职业的劳动者。在此不做讨论,二者的对比是为了说明,劳动生产率与工资之间的一个对比关系。可见,不同的人力资本储量决定了经济单元内部知识外溢、分工专业化、产业构成,进而决定了经济单元现代部门就业岗位供给数量、劳动要素集聚程度、微观劳动生产率的不同。源于高素质劳动者具有集聚分布的特征,聚集起来的高素质劳动者能产生知识外溢,形成规模经济,促进现代化产业发展与现代部门就业岗位的创造。

由此，可以对我国城市现代部门劳动力数量的分布图作一个清晰的解释。现代部门劳动力数量的空间分布差异是极大的。不同城市内部的工业与服务业部门劳动力数量存在较大差异。从整体看，一是现代部门劳动力数量分布密度最高点所对应的现代部门劳动力数量对数值是相对偏低的，大概处于样本的偏左、离最低值相对近的位置；二是现代部门劳动力数量相对较低的样本之间差异不大，分布比较集中；三是现代部门劳动力数量较高的样本点分布相对分散，而且劳动力数量相对较高的数值，其绝对值较大；四是现代部门劳动力数量越多的经济单元，其生产效率也更高，这符合具有规模收益递增性质的劳动要素分布形态。现代部门劳动力数量空间分布模式是人力资本储量、现代服务业的集聚特征所带来的。源于人力资本的集聚特性，现代服务业的集中分布特征，少数城市的劳动力数量较多，而大多数城市的劳动力数量较少，是符合经济发展规律的分布模式。

此外，分析中亦可以看到服务业发展的历程及其在经济体发展中所起的作用。经济理论表明，服务业在经济体发展中的作用包括，基础服务产品的供给，就业岗位的供给，市场信息的供给，新技术的供给、新的服务产品的供给。服务业发展的经济效果既体现在不同的经济单元之间，亦体现在经济单元不同的发展阶段上。在目前的经济发展阶段上，现代服务业发展的经济效果在于服务工业发展、创新与技术进步、新产品的开发。这是人力资本外部性作用发挥的具体表现。可见，现代服务业的发展，在促进人力资本外部性作用发挥的同时，实现产业规模的扩大并提高现代部门有效劳动需求。

5.5 城市化中现代部门有效劳动需求形成逻辑的再探讨

从劳动经济学的角度看，经济增长、现代产业发展在现代部门有效劳动需求形成中作用增大的本质是，经济发展中生产函数以劳动要素为主，生产过程的累积循环能力与规模经济效益持续增强引起生产规模不断扩大，社会整体劳动生产效率的提高引起收入水平的提高对现代部门产品形成强大的需求市场，不仅扩大了已有产品的消费市场，而且具有潜在的消费能力，促使新产业不断出现，由此引起现代部门有效劳动需求的不断增加。其一，消费需求及结构的变化与技术条件变化是现代部门有效劳动需求形成的原因。现代部门作为一个生产单元为何可以生成有效劳动需求呢？从本质上说，是消费者的需求结构发生变化，引起生产规模与结构相应的发生变化。在这种变化过程中，现代部门有效劳动需求不断形成。消费者的需求结构变化是由经济整体增长带来消费者收入水平提高引起的。生产规模与结构的变化是由技术条件变化引起的。这样，在消费者需求结构变化与技术供给的条件下，产业生产规模扩大，产业结构发生改变，现代部门有效劳动需求形成。由此，具有不同生产条件与技术比较优势的生产单元，其产品符合消费者的预期能力存在不同。在符合消费者预期、能够创造较大经济价值产品的经济单元内部，生产规模扩大的潜力将会更大，生产活动对劳动要素的需求将会提高。在生产不符合消费者预期、创造较小经济价值的产品的经济单元内部，生产规模扩大的可能性将会减小，生产活动对劳动要素需求的提高幅度也存在不足。其二，消费需求及结构变化与技术条件变化会引起现代部门产业的价值提高。消费需求整体的上升与结构的优化会引起现代部门产业价值的提高。从单个消费者的角度来说，其消费构成中初级产品所占的比例相对下降，而符合较高层次需求的产品所占的比例上升，这种消费结构的升级意味着对于生产符合较高层次需求产品的部门其经济价值上升，其产出在整个经济体系中的价值提高。技术条件的变化会引起现代部门产业价值的提高。技术条件的变化会降低传统部门产品的经济价值，而提高具有较高价值含量、符合消费者更高消费需求层次产品的经济价值。经济理论中，决定产品价值的主要因素在于产品的稀缺程度。如果产品生产中技术含量较高，有限的技术供给引起有限的产品供给，进而引起产品价值的提升。为此，消费需求整体的上升与结构的优化、技术条件的改进都会引起现代部门产业价值的提高。其三，人力资本存量提高是消费者收入水平提高与技术条件变化的主要原因。引起经济增长的主要原因在于技术条件的变化，引起收入水平提高的原因也在于经济的增长。那么，引起技术条件变化的原因何在？技术进步是一个漫长、潜移默化、累积的过程。期间劳动者以智慧、思维创造着知识、信息，为知识、信息的累积增加提供了可能，为技术的变革与创新提供了可能。无论是在何种经济环境中，引起技术变化的原因都是劳动者主观能动性发挥的结果，是人力资本存量提高的价值表现。对于单一的经济单元而言，现代部门有效劳动需求增加意味着，现代部门边际劳动生产率为零时所对应的劳动要素数量增加；现代部门与传统部门边际劳动生产率相等时，现代部门的有效劳动需求增加。现代部门有效劳动需求形成的原因在于，经济总量的扩大增加了生产活动中物质要素的投入能力，技术的进步改变了生产函数，收入水平的提高改变了消费市场的需求。随着时间的变化，人力资本储量的提高，经济总量的扩大、服务业增加值的上升、居民收入水平的提高，现代部门边际劳动生产率增加，现代部门有效劳动需求形成。

5.6 小结

伴随着技术的进步、产业内容的优化、知识外溢与创新的发展，劳动要素会经历一个从传统部门向现代部门流动的过程。现代化产业在放大人力资本外部性作用的同时，促进现代部门有效劳动需求的增多与城市化的形成。经济单元产业特征与现代部门劳动要素需求之间相关性的分析表明，经济单元产业现代化水平越高，现代部门劳动要素需求量越大。在目前的发展阶段上，现代服务业发展是人力资本外部性作用发挥的有利条件，是引起劳动要素向现代部门流动、现代部门有效劳动需求增加的动力所在。在产业走向现代化的过程中，空间范围内部劳动要素规模的扩大，是一种有助于增加人力资本禀赋、提高创新活动效率的要素分布形式。

现代部门有效劳动需求增加是城市化的动力所在。而现代部门有效劳动需求增加是产业走向现代化的结果。现代化产业所具有的特征与属性，可放大人力资本外部性的作用，促进技术创新，更新产品的形态、提升产品的市场经济价值，增加现代部门的就业岗位供给并形成工资溢价，吸引外部劳动要素的流入，增加现代部门劳动要素的数量。现代服务业的良性发展，是知识经济时代中现代部门劳动要素需求形成的前提。而现代部门有效劳动需求的形成是城市化良性推进的必备条件。源于高素质劳动要素的集聚特点，现代服务业发展亦呈现集聚分布的特征，人力资本外部性作用的发挥亦集中于少数几个以现代服务业为主要内容的城市内部。或许在知识经济时代，劳动者将以自身禀赋为依据在不同城市选择工作岗位而流动，劳动者应以更加包容的心态迎接新的职业形态、流动中的职业形态。基于此，城市化有序推进的途径包括：其一，引导居民对新产品的消费，扩大新产品的需求市场。现代化产业发展的动因在于，市场存在对新产品的潜在需求，消费者愿意消费质量好、内容新、形式优的新产品。为引导社会对新产品的消费需求，一是收入分配适当向居民倾斜，提高居民的收入水平；二是保障居民的医疗、就业、社保、教育等公共服务的充分供给；三是，发展以有形消费品生产为主的工业，满足消费者对物质消费品的需求。其二，为劳动者交流互动与知识创造提供外部条件，提高新产品的供给能力。城市现代服务产业发展所依赖的生产要素包括劳动者的智慧、新技术、知识、信息。劳动者的主观能动性与知识创新能力在现代化产业发展中的作用日益凸显。为提高劳动者的知识创新的能力，既需要完善教育体系、保障教育的公平性并形成具有效率的收入分配格局；也需要举办会展、论坛、会议等活动为劳动者充分表达、交流知识与共享信息提供平台，充分发挥劳动者的积极性与创造性，为新产品的生产提供可能。其三，保障劳动者的就业权益与公共服务的供给。现代化产业的特点在于,就业内容多样、就业形式灵活、就业岗位变动较快,劳动者需要以自身禀赋为基础在不同市场主体、不同城市不断地寻找新的适宜就业岗位。既需要引导劳动者更新就业观念,以包容的心态迎接不同的职业形态;亦需要对不同职业形态、流动中的劳动者提供劳动保护与就业保障。这是在现代化产业发展条件下劳动力市场运行稳定、有序的保障。在经济体走向现代化的过程中,城市化中现代部门有效劳动需求形成依赖于现代化产业的发展。作为工业化的主要内容,产业现代化,是知识外溢与创新的有效载体,是发挥人力资本外部性作用与增加经济供给潜力的有效途径,是城市化推进的动力所在。

第6章 分工、人力资本外部性与劳动要素集聚

6.1 引言

在技术进步与生产工艺更新的条件下，劳动要素集聚现象是生产活动中分工水平提高的结果。这个论点的依据具体包括以下几个方面。其一，劳动要素集聚现象是人力资本外部性作用发挥的结果。当生产活动中的条件与因素发生变化并形成一种有助于人力资本外部性作用发挥的环境时，空间范围内部劳动要素呈现动态集聚的现象。人力资本外部性作用发挥的水平取决于生产活动中劳动者交流的频率与效率。分工，内在的要求劳动者高频率的互动与交流，在此过程中知识快速流动且新技术高效开发，形成的高效生产氛围吸引外部劳动要素聚集。其二，经济单元内部生成更高的劳动生产率是劳动要素集聚并呈现累积循环趋势的动力所在。经济理论与实践表明，分工水平的提高是社会生产活动效率增加的根本原因。在分工的条件下，劳动者更加专注且熟练，生产效率更高[①]；空间范围内部市场主体的生产活动更加专业化且形成相互协作

[①] "天之生才，其为异也始微。彼之各以其能鸣而相望若不及者，非用异以为分，实因分而致异。"《原富》，亚当·斯密，严译名著丛刊，商务印书馆 1981 年版，第 12 页。

的格局，社会生活中生成更加高效的产业体系。分工所引起的高效生产
氛围是市场主体效率增加与规模增大的原因所在，是社会生活对劳动要
素需求增多的动力。其三，现代部门劳动要素所占份额与产业发展水平
存在内在的联系。现代部门产业的发展经历一个从无到有的过程。当产
业效率提高且规模增大时，社会生活中形成对传统部门劳动要素的需
求，吸引劳动者向现代部门流动。产业发展所依赖的新技术是劳动者开
发与创造的结果。分工决定技术条件与产业发展水平，进而决定现代部
门劳动要素所占的比例与城市化水平。其四，分工在劳动要素集聚与城
市化中的作用，既体现在经济单元内部，亦体现在区域内部不同经济单
元之间。对经济单元而言，分工可提升要素的投入产出效率，增加产业
的附加价值并扩大产业的规模，提高现代部门劳动要素的需求量。对区
域而言，不同经济单元内部产业分工并形成相互协作的体系，劳动者在
更大的范围内部交流、合作与共享，形成高效的生产氛围，现代部门对
劳动要素的吸引力更大。可见，社会生活中分工水平的细化，是人力资
本外部性作用发挥的现实土壤，是空间范围内部劳动要素呈现累积循环
增加的态势与城市化水平提高的动力所在。

6.2 分工、人力资本外部性与劳动要素集聚的研究 概述

在分工的氛围中，劳动者互动的频率与效率提高，人力资本外部性
作用发挥更大；知识快速创造并广泛应用于生产过程，新技术开发并外
溢到不同的部门；生产内容更新且要素组合形式多样，产业结构改善且
效率升级；空间范围内部形成高效的生产氛围。在分工的环境下，人力
资本外部性作用的发挥为劳动者、市场主体与产业效率的提高提供了客
观条件，为劳动要素的动态聚集提供动力源泉。

1. 经济单元的分工引起劳动者在空间范围内部的动态聚合

劳动者的生产效率取决于劳动者自身的禀赋与主观能动性的发挥。在分工的生产环境中，劳动者的互动与交流可增加知识储量、提升专注度与领悟力、增强知识创新能力、提高劳动者的禀赋，进而提高劳动者的效率。经济单元内部的分工水平是反映劳动者生产内容专业化与生产过程协调配合度的指标。在分工粗略的条件下，多个环节的工作由同一个劳动者完成，工作内容广泛，劳动者之间的互动较少，生产活动的效率低；劳动者之间的交流与沟通有限，知识在不同劳动者之间交换与流动的速度慢，劳动者的创新能力与动力缺乏；广泛的工作内容降低劳动者生产活动的专注度与熟练度，对外部新知识吸收少，有碍于新技术的开发。而在分工细化的条件下，劳动者的生产内容发生很大的变化，劳动者专注于一个生产领域，是完整产业体系中的一个部分，工作内容集中，劳动者之间的互动与交流较多，生产效率较高；在劳动者的互动与交流中，知识在空间范围内部快速流动，创新活跃度提升；生产内容的集中，可促进劳动者专注度与熟练度的提高，对外部不同类型的知识吸收较多，进而提高新技术开发的效率。可见，分工可促进效率、创新与技术开发。其一，分工在促进知识的流动与交换的同时，有助于改善劳动者的知识储量。在分工的条件下，劳动者更快捷的吸收外部的知识，为加工创造提供必要的知识储备（Glaeser et al.，1992）。生产活动内容的复杂化与工作形式的快速变化，劳动力市场涌现出内容新颖、市场价值更高的新职业。以公共关系、市场营销、经纪业务为主要内容的职业在现代经济生活中的重要性凸显。有别于传统的职业，衍生于快节奏、互联网时代的新兴职业，其职责与胜任力要求复杂且处于不断地变化之中。任何固有的、老旧的知识，都难以处理市场环境中出现的新情况与新问题。在市场分工中，劳动者从生产活动中不断地汲取新的知识养分，是充实知识储备与满足职业岗位要求的客观需要。其二，分工在促进劳动者生产内容集中的同时，有助于提高劳动者的领悟力与专注度。源于现代社会中知识的复杂度较高，劳动者在细化的分工领域内部专注于生产内容，可加深对复杂生产工艺的领悟，将知识灵活地运用于生产过程，从而提高生产活动的效率。一般而言，劳动者对知识内容领悟的广泛性与深度是难以兼得的。专业化是认识问题深度的来源。"格物致知"，说的正是劳动者对某一事物发展规律的把握，可提高其对整个世界认识深度的道理。从动态的角度看，劳动者对知识领悟的过程经历了一个从广泛涉猎，到集中钻研，再到广泛应用的过程。在最初的领悟阶段，劳动者全面尝试不同的知识领域，感受不同的知识差异，发现自身所擅长的部分。在认真的领悟阶段，劳动者在较小的专业领域投入大量的注意力以掌握事物发展的规律。在认识的成熟阶段，劳动者将认识到的规律广泛用于生产过程，从而提高判断力与预见性，进而增加生产活动的效率。在分工的环境下，劳动者有机会与条件将自己的注意力集中于特定的领域，为劳动者认识的深化提供可能。劳动者在专业的生产领域内部，发挥上下求索的钻研精神，智慧将会绽放在"灯火阑珊处"。其三，分工可促进不同类型知识的优化组合，进而提高劳动者的知识创新能力。知识与不同的生产要素相互结合可产生不同的经济效果。在分工与专业化生产的条件下，劳动者之间互动的频率增加，知识在空间范围内部流动的速度加快，使用的范围扩大且效率提升，应用的灵活度提高（Leo，1975）。同时，不同类型的知识相互结合可以焕发出新的生机与活力。在分工与协作的生产过程中，劳动者有机会吸收不同种类的知识，加工并优化组合，创造出具有更高价值的新知识（Romer，1986）。在分工的环境下，知识流动的加速有助于不同类型知识的重新组合与优化配置，为劳动者创造力的迸发提供有利条件。其四，分工可提高劳动者配置资源的能力，进而增加劳动者的禀赋。从本质上说，在分工与协作中进行生产，是一种学习的过程。在分工的过程中，劳动者向他人学习知识与经验，以增加自身的知识储量并更新知识结构体系，进而提高要素优化组合能力与要素的使用效率（Segal，1976）。在分工的条件下，经济单元内部形成一种有利于知识流动、应用、生成、创新的环境氛围，劳动者汲取经济单元的知识养分，增加自身的禀赋并挖掘自身的生产潜能，进而提高要素的组合效率。可见，分工细化所引致的知识外溢与创新，有助于提高经济单元内部劳动者的人力资本禀赋、生产效率，进而吸引外部劳动力在空间范围内部聚集。

2. 经济单元的分工促进市场主体在空间范围内部的集中分布

市场主体的效率主要取决于要素的投入产出率与所生产产品的市场价值。分工的环境，可增加产品的经济价值、促进技术的开发、增加信息的获取效率、提高生产活动的专业化程度、保持对前沿技术的吸收效率，进而促进市场主体效率的增加。市场主体是劳动者从事生产活动的组织载体。在现代生产模式中，任何劳动者的生产活动都是依托于组织的环境发挥主观能动性的结果。在高效运行的组织模式与生产流程中，劳动者的禀赋得到发挥且生产效率实现提高。劳动要素的需求是消费者对产品需求的派生，是市场主体为实现生产活动的顺利进行而投入劳动要素的结果。市场主体的生产效益决定劳动者的生产效率。劳动，作为生产活动中的要素，其生产效率的大小受市场主体内部其他要素效率的影响。市场主体依托于先进的流程与高效的组织体系，吸纳不同的要素组合加工生产，以创造出具有较高经济价值的产品，是劳动者生产效率发挥的组织条件。从本质上说，经济单元劳动要素的集聚是市场主体的集聚。在目前的经济发展阶段上，规模较大的城市不再是以单一的大规模市场主体为主，而是以数量众多、小规模、高效率的市场主体的集中分布为主要特征。这种模式的变化是现代生产活动中分工发展与效率改进的需要。即各市场主体拥有自身的组织目标、产品定位、生产领域、运作模式，生产活动专注于生产流程中的一个环节，不同的市场主体相互配合形成高效的生产体系。这种小而高效的市场主体模式有利于技术研发、产品更新、市场拓展，有助于市场主体增强市场竞争力以保持发展中的比较优势。在市场主体集中分布的条件下，在分工与协作的生产模式中，市场主体研发的新技术快速的流动，使得空间范围内部市场主体皆受益。市场主体从空气中汲取研究技术成果的养分，投入资源大力研发新的技术，在经济生活中形成技术创新与产品更新的良性循环。新技术的开发与新产品的开拓，引起消费者的广泛需求，社会生活中不断出现新的市场主体加入到该产品的生产过程中来，市场主体的数量将会增多，对劳动要素的需求亦会增大。可见，在现代生产活动中，分工与协作的生产模式是市场主体效率增加与规模扩大的内在原因，是劳动要素集聚分布的动力所在。其一，分工有助于市场主体改进产品的质量、形态与功能。一是市场主体的经济价值，取决于所生产产品的市场价值。而产品的市场价值取决于产品的质量、形态与功能，及其符合消费者需求层次的高低(Romer，1990)。市场对产品的消费需求，是现代经济活动价值创造的源泉。比如，源于艺术、视听、文化产品能满足消费者更高的需求层次，故能产生更大的市场价值。二是符合较高需求层次的产品，往往具有较大的不可替代性。市场价值较高的产品，是劳动者运用智慧，使用复杂的生产工艺，经由高效的分工协作体系加工生产完成的。现代生活中具有较高市场价值的产品生产过程，是劳动者想象力与创造力综合作用的结果。融合艺术元素的产品可满足消费者更高层次的需求，符合消费者的偏好，是具有更高经济价值与市场竞争力的产品。而劳动者的创造力不再是偶然所得，而是依托于深厚的理论与实践基础，有目标、有准确定位、有意识创造的结果。三是，分工与协作的生产模式是劳动者开发脑力、运用智慧、认真思索、迸发创新的组织条件，是提高产品的需求层次与市场价值的载体(Becker and Murphy，1992；Yang and Shi，1992)。劳动者根据目标消费者的需求与偏好准确定位产品的技术条件，在与他人的交流与合作中不断地思考、研发，打磨出符合消费者偏好的产品，是实现产品竞争力的关键。现代艺术文化市场中，活动的创意设计、产品功能的创新是劳动者灵感与智慧的结晶。劳动者的交流与合作，劳动者辛苦的思考与研究，是产品创新经济价值实现的主要来源。四是，分工的体系，是市场主体专注于细化的分工领域，集中资源研发、改进生产流程的有利条件，是生产活动效率增加，产品市场价值提高，需求市场开拓的有效途径（Mera，1973）。依托于高效的分工体系，根据确定好的目标，运用可利用的资源、条件，创造性的开发出具有较高经济价值的产品，是现代生产活动中市场主体存在、发展的关键。可见，分工与协作的模式，是市场主体改进生产流程，改善产品的质量、形态与功能以增加市场主体效率的内在要求。其二，分工有助于新技术的开发与应用，进而提升市场主体的竞争力。新技术是劳动者在生产实践中对经验的提炼，是具有广泛适应性的具有固定形态与功能的产品。任何产品经济价值的提高、市场需求的开拓都依托于技术的改善（Henderson，1974；Brezis and Kman，1997）。信息技术的发展是现代社会中新技术的代表，可广泛应用于社会生活的各个方面。而信息技术的进步是大量工程师在专业领域不断地开发、应用、反馈、再开发的循环往复的生产实践中产生的。市场主体开发的产品与信息技术相互结合可产生极大的效率。比如移动通讯设备的广泛应用使得消费者可在电子商城购买产品，产品经由电子商城平台可销售至广泛的需求市场。又如，网络平台的开发与应用是覆盖面更大、更快捷、更高效的产品销售渠道。播放平台的改进是产品市场需求扩大、市场价值提升的有利条件。可见，分工中新技术的开发与应用为市场主体拓宽需求市场、提升经济价值提供新的机遇。其三，分工有助于加速知识、信息、资讯的流动，增加市场主体的信息获取能力。在高效的分工体系中，市场信息、技术动态、行业前沿快速的流动与共享，产生极大的外溢性，形成高效的生产氛围，对外部市场主体产生吸引力（Henderson，1983）。在技术进步、需求变化、竞争激烈的现代市场环境中，快节奏的生产活动是一种必然，资金具有时间价值，信息亦具有时间价值。信息、资讯、知识的及时获取对于市场主体的生产决策具有决定性的作用。具有较高经济价值的信息弥漫在城市的空气中，市场主体受益良多。大规模城市内部集中分布的中小企业，承受较高的租金，条件有限的工作环境，较高的生活成本，其目的在于了解自身及相关行业的最新技术、资讯、信息，参与制定行业的规则，并规范行业的发展，让行业保持生机与活力，让自身保持发展中的比较优势。其四，分工有助于市场主体在专业化领域深耕细作，开拓新的生产与运营模式，增强市场经济价值。分工中的市场主体，可更有效的把握市场动态，运用先进技术，研发与设计出更多符合市场需求的产品，创造出更大的市场价值。比如电子商城的出现与发展，是市场主体对商品销售渠道环节大力开发的结果。正是将销售渠道从生产活动中提炼出来，并进行专业化的改造，产品的销售市场得以扩大，市场主体的经济价值得以提高。而网络播放平台是影视剧播放的重要选择，是对传统播放平台的创新。市场主体在对播放平台深度加工的过程中，实现更加准确的产品市场定位，获得更大的市场受众面，实现产品附加价值的提高。可见，市场主体对生产、加工、销售等环节中的部分进行深度加工，可提高经济活动的效率与市场主体的市场竞争力。其五，分工有助于市场主体保持对前沿技术的开发、吸收与应用，形成动态比较优势。任何新技术的开发都是高度细化分工的结果。伴随着分工水平的提高，产业的技术条件存在产生、发展、成熟、衰退的过程，城市内部的产业结构与劳动要素规模亦发生变化（Henderson et al.，1995）。在产业发展的初级阶段，市场主体在创新活跃度高的城市内部聚集，共享技术、市场、信息等要素，可维持市场竞争中的动态比较优势。在产业发展的成熟期，市场主体在中小规模城市选址，利用成熟的技术、先进的机器设备、相对充裕的原材料进行加工生产，可增加市场竞争力。比如现代服务业发展的技术基础处于不断的变化之中，在以现代服务业为主导的城市内部，市场主体享受技术创新的成果，致力于新技术的开发，创新活动活跃，对劳动要素的需求较大。以现代服务业为主导的城市生产活动高效，是经济体增长的主要部分，是容纳劳动要素的空间范围。在分工的条件下，活跃的创新活动氛围，是新的市场主体生成、出现、发展，并吸引外部市场主体到来的关键。可见，空间范围内部分工水平、创新活跃度与市场主体集聚度存在相互联动的关系。

3. 经济单元的分工生成高效的产业集聚模式

产业的效率主要取决于产业内部的生产结构与外部的运行环境。分工的环境，通过降低产业的整体生产成本、衍生出高经济价值的新产业、生成专业化的知识生产机构、形成完善的组织体系，进而提高产业的效率。在分工的条件下，各市场主体致力于不同的产品种类、细化的生产环节、异质的生产领域进行加工、生产与制造；市场主体的生产领域集中且相互协作，产业链条附加价值高，新产业衍生力大，产业体系高效且呈动态聚集的趋势。其一，分工有助于降低产业的生产成本并提高产业的经济价值。产业的经济价值取决于效益与成本的对比关系。在分工的生产环境中，市场主体可以有效地开拓需求市场、增加产品的市场价值，各市场主体相互协作形成高效的产业体系并生成较高的产业附加价值（Berry and Waldfogel，2010）。依托于网络与电子化平台，不同的市场主体负责经营产品的产、供、销各环节是产业整体成本降低与经济价值提升的有效途径。比如分工中的物流企业，以产品的体积、价值、时效为依据进行分类，服务于不同类型的市场主体，为降低销售成本、畅通销售渠道、拓宽需求市场提供了支持条件。可见，在分工的环境中，市场主体生产活动专业且高效，不同市场主体相互联结并形成附加价值高的产业体系。其二，分工有助于将产业中的生产环节提炼出来发展成新的产业。新产业的不断衍生是高效市场活动的具体表现。新产业的开发，是分工活动细化的结果。在新的产业内部，市场主体加大研发力度，改进生产环节，创造较大的附加价值。而附加价值较高的新产业，吸引外部市场主体的加入，引进先进的生产技术、经营模式、管理理念应用于生产活动，在此过程中新产业发展并壮大（Mera，1975；Borukhov，1975）。比如互联网的发展与广泛应用，消费者愿意为运输效率的改进支付较高的费用，物流业从生产、销售环节中提炼出来，效率快速增加，进而形成具有较高附加价值的新产业。正是源于分工，经济生活中衍生出新的产业，吸引外部资金、劳动、技术等要素的加入，在技术供给推力、外部需求拉力的作用下，生成大规模、高效率的产业。其三，分工有助于专业型知识生产机构的发展，为产业的发展提供技术创新的原动力。作为专业化的知识生产部门，研究机构与研究型大学，配合着商业组织、中介服务机构、市场主体而集中分布，是现代分工体系的主要内容，是高效产业体系的构成部分。研究成果的市场应用，研究型劳动者的市场化，研究型大学与市场主体的合作，可放大研究型大学与研发机构的知识外溢效应，支持市场主体的创新活动，提高经济活动的市场价值(Becker et al., 2011; Josep et al., 2013)。研究型大学与研发机构，是社会分工细化、生产专业化的经济效果，是技术创新、产业现代化的源泉。市场主体的研发部门，创造出适应市场需求的科技成果，是提高产品竞争力与生成比较优势的重要源泉。可见，分工中出现的研发部门，对于产业体系的升级与产业附加价值的提升具有重要的作用。其四，分工有助于商业组织体系的发展与完善，支持产业持续高效的发展。分工中形成的商业服务机构，是高效的商业服务软环境生成的现实土壤，是吸引外部市场主体到来的关键，是高效产业体系生成的必要条件。在分工的环境中，以中介服务、信息供应、资金支持为主要内容的服务商大量出现并集中分布，为市场活动高效、有序地进行提供支持条件(Ciccone and Hall, 1996)。在高效的组织体系中，市场主体的加工、生产、销售环节更加高效，产品更加准确的投放到需求市场，产品的市场价值转化效率更高，产业的经济价值更高。专业化分工中的市场主体，经由商业组织的联结作用，相互协作并形成高效的产业体系，是产业动态聚合的具体形式。

分工，作为经济单元效率的集中反映，是现代生活中要素集聚的动因。在分工的条件下，劳动者空间距离接近，生产行为相互作用并产生外部性与附加价值，形成高效的生产氛围并产生凝聚力，进而提高要素的分布密度。源于人力资本外部性作用的存在，知识可以在劳动者之间交流与互动，以提高劳动者的禀赋与生产活动的效率；新的技术可以在市场主体之间外溢，以提高市场主体的技术研发与应用能力；管理理念、生产流程、组织模式可以在不同产业之间广泛应用，以提高产业的规模与效率。可见，分工与劳动者、市场主体、产业的效率具有内在的逻辑联系。经济生活中的各种市场活动以经济效率整体提升为目标追求。源于劳动者之间的互动与合作可以产生溢出经济效益，经济单元的整体效率，不是等于各劳动者生产效率的总和，而是大于劳动者生产效率之和。这里高出的幅度取决于劳动要素集聚所产生的知识外溢与规模效益的大小。而社会生活中的分工恰恰决定了经济单元内部知识外溢与规模效益的大小，由此决定了经济单元整体效率的高低。生产活动中的劳动者形成分工的状态，是劳动要素集聚产生更大经济效益的来源。在劳动者素质提高、主观能动性发挥、创造力迸发的条件下，经济生活中出现新的技术与新的组织模式，使分工从愿望走向现实。源于分工、效率与集聚之间存在的循环累积关系，经济单元的分工水平决定了城市化水平。在经济体系走向高度化的过程中，社会生活中分工水平提高，城市化水平亦提高。（如图6-1）

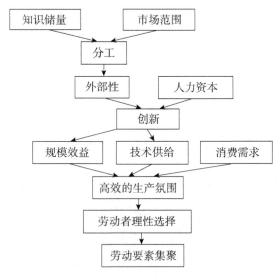

图6-1 劳动要素集聚形成逻辑图

6.3　分工及其在劳动要素集聚中的作用

分工水平的提高是劳动要素集聚的重要内驱力。人力资本外部性理论是解释分工与劳动要素集聚关联性的主要理论。分工是人力资本外部性作用发挥的主要原因。当经济生活中形成了较为细化的分工时，劳动者的合作与交流成为一种必要。生产活动中劳动者的互动、合作、交流是知识外溢产生与创新环境形成的有利条件。现代社会中分工的影响因素，既包括市场范围、产业专业化程度与外部依存度，亦包括生产活动的知识含量。经济单元内部分工细化水平决定了人力资本外部性作用的大小与劳动要素集聚度的高低。

1. 分工的概念

分工是指，"劳动者分别进行各种不同而又相互联系的社会劳动"。分工的基础是合作。在社会生活中形成了一种合作的生产氛围的条件下，分工的可能性将会增加，生产活动的效率将会提升。分工，是社会生产活动效率的抽象表达。而经济生活不同侧面的具体指标可在某种程度上反映社会分工的水平。有学者从人类发展阶段、分工形式的角度深度剖析了分工的内涵。一是，从最初始的自然分工、畜牧业分工、农业分工、手工业分工、交通运输业分工、第三产业分工……产业从初级到高级阶段的发展，正是分工的结果。① 产业高级化是分工发展的表现。二是，分工的发展促使劳动者需求的增加，劳动者需求的愿望又促进了分工的发展。"社会劳动分工越是发展，生产专业化的程度就越高，社会生产品的种类也越多，当中为交换而生产的商品也必然越多，也就引

---

① 林其泉著：《分工的起源和发展》，厦门大学出版社 1988 年版。

起市场的扩大，使它得到广泛的规模。"①市场范围扩大化是分工发展的表现。三是，"由于社会劳动分工的发展，推进商品生产，……把小的……市场汇合成广大的……市场，并汇合成国际市场"②。与外部的经济联系是分工发展的表现。四是，分工效果主要是工具分化与生产内容简单化。生产工具的进步促进了分工。源于生产工具的使用，劳动者的生产行为与工具的配合密切联系在一起。"机器生产自不能没有人来把握，如果没有人对机器运转中所产生的各种信息不断接收和处理，那么，生产过程便不可能进行。而人由于生理等条件的限制，处理各种信息的能力很有限。所以操作过程越简单，亦即处理的信息量越小，加工处理的速度也就越快，生产的效率也就越高。"分工的细化是为了适应生产活动复杂化而产生的。知识生产活动是一种复杂的、对劳动者脑力要求较高的生产活动。分工细化使得每一个劳动者的生产内容尽可能地小，使知识生产活动得以高效而顺利的进行。生产活动中知识的应用水平是促进分工发展的有利条件。可见，分工可用地域单元内部生产活动的知识创新活动活跃度、产品市场范围、外部经济联系性与产业优化程度来衡量。不同视角下分工的本质在于，要素的活跃度提高，资源组合形式更加多样，经济生活中形成了一种高效的生产活动氛围。无论是经济单元内部生产要素的效率，还是需求体系的完善程度，或者是外部力量的补给水平，抑或是生产方式的现代化程度，皆是高效生产活动氛围形成的具体表现。分工的具体内容在于，劳动者在特定的生产领域发挥自身禀赋，实现更高的经济价值。处于分工体系中的劳动者，需要在复杂的细分活动中，准确定位自身的比较优势，寻找到适合的就业岗位。经济单元内部的产业体系的扩大，生产活动的内容与形式多样化，劳动者寻找到适合自身的工作岗位的可能性更大，社会生产的整体效率将会提高。

---

① 林其泉著：《分工的起源和发展》，厦门大学出版社 1988 年版。
② 林其泉著：《分工的起源和发展》，厦门大学出版社 1988 年版。

2. 分工在劳动要素集聚中的作用

经济生活中分工在本质上是指一种高效的生产方式。当经济单元内部的生产活动形成了一种高效的生产活动氛围时，空间范围内部劳动要素集聚的程度将会提高。劳动要素集聚可以用现代部门劳动要素所占比例来表示。这个比例的提高意味着，一是，现代部门生产活动对劳动要素的吸纳能力增大，传统部门生产活动对劳动要素的挤出作用增大。二是，从事工业与服务业生产活动的劳动要素数量所占的比重增加，从事农业生产活动的劳动要素所占的比重减小。三是，传统部门产品的数量以较慢的速度增长，现代部门产品的数量以较快的速度增长。四是，对于单个劳动者来说，消费品与服务产品所占的比例增大，农业产品所占的比例在减小。劳动要素集聚可产生四个经济效果。一是，处于互动、合作状态下的劳动要素数量增多，形成知识外溢与创新，提高竞争力并形成比较优势。二是，处于同一生产条件下的劳动要素数量增多，形成规模收益递增，提高全要素生产率。三是，产业专业化与劳动生产率提高。四是，技术的进步。需要指出的是，劳动者具有一定的人力资本禀赋与技能是分工与专业化程度加深的必备条件。

依托于先进的技术条件，完善的消费市场，高效的劳动者沟通交流，现代部门的分工水平更高。现代部门分工在劳动要素集聚中的作用表现在以下几个方面。其一，现代部门的分工促进产业规模的扩大。现代部门生产活动对劳动要素的吸纳力增大。其二，现代部门的分工促进产业链条延伸与产业类型多样化。经济生活中现代部门内部劳动要素需求数量增多。其三，现代部门内部分工是劳动者生产效率提高的途径。在分工的条件下，现代部门的创新与生产工艺更新，可提高微观劳动生产率。现代部门产品数量以较快的速度增长。其四，在劳动者的消费构成中，现代部门产品所占的比例增加。一方面，劳动者专注于自身的劳动，在提高生产效率的同时，生产出更多的产品。另一方面，市场上的交易活动，每个劳动者能获得更多其他劳动者所生产的产品。在这种频繁的交易过程中，劳动者消费其他劳动者所生产产品的数量在增加。对于劳动者来说，相对于农业产品，其消费的现代部门产品份额亦在提高。分工有助于现代工业的发展，有助于扩大现代部门劳动要素的规模。

人力资本外部性作用发挥的途径在于劳动者的交流与互动。学习、协作、分工、竞争是劳动者交流与互动的具体内容，是提高劳动者人力资本禀赋经济价值的途径。劳动者素质与分工专业化程度决定了劳动者交流与互动的频率。其一，人力资本储量有助于分工的发展。高素质劳动者是知识创新活动活跃度提高、产品市场范围扩大、外部经济联系密切化、产业高级化的必备条件。一是，知识创新活动需要大量高素质劳动者脑力创造并合作完成。没有大量高素质劳动者，知识创造活动是难以想象的。知识的生产具有极大的规模效益。知识生产者将集中分布。知识生产成果将呈现累积循环的特征。二是，产品市场范围的扩大需要大量的具有较高消费能力的劳动者作为支撑。高素质劳动者的生产效率与收入水平较高，对产品的需求数量较大，具有较高的消费能力。于是，高素质劳动者集聚的经济单元将形成较大的需求市场。三是，高素质劳动者的禀赋优势，是经济单元比较优势形成的基础，是经济单元融入区域分工的基础。四是，产业的高级化是以技术创新与设备更新为前提的。高素质劳动者的创造活动是技术创新与设备更新的来源。其二，以知识创新活动活跃度提高、产品市场范围扩大、与外部经济联系密切化、产业高级化为具体表现的分工，有助于劳动要素集聚。一是知识储量的流动性、创造性决定了生产活动的分工水平与劳动要素的集聚度。二是产品市场范围的扩大，可形成规模经济效益，提高劳动生产率，促进城市内部劳动要素集聚。三是外部经济联系的增加，生产活动活跃度的提高，可放大人力资本储量的经济价值，促进劳动要素集聚。四是产业发展需要依赖于知识。知识天然具有规模效益。以知识生产为主要内容的现代化产业易于集中分布。可见，分工在工业发展与劳动要素集聚中具有重要的作用。

正是在分工的条件下，经济单元内部的劳动要素数量优势可以转化为质量优势。分工意味着，劳动者生产专业化，不同劳动者的生产活动组合完成生产过程。在此过程中，劳动者的生产行为相互影响、相互作用，知识外溢形成，生成了较高的劳动生产率。可见，经济单元内部劳动要素数量的增多并不必然意味着较高的劳动生产率。在分工水平提高的条件下，经济单元内部劳动要素的数量与质量之间存在良好的转换关系，经济生活中形成了一种循环状态，即劳动要素集聚促进劳动生产率提高，劳动生产率提高吸引外部劳动要素的流入，外部劳动要素的流入引起城市劳动要素规模的扩大。可见，分工是良性发展循环状态下劳动要素集聚的根本动因。

6.4　分工、人力资本外部性与劳动要素集聚的实证分析

分工与劳动要素集聚之间是否存在着内在的联系性？本部分将从市场范围、产业专业化、外部依存度与生产活动知识含量的角度，对分工、人力资本外部性与劳动要素集聚之间的关系进行实证分析。考察不同代理指标条件下，分工对经济单元劳动要素集聚的影响方向、程度与解释力度。使用《中国工业统计年鉴》《中国教育统计年鉴》《中国统计年鉴》中 2013—2017 年省、自治区、直辖市（不包括港澳台地区）数据对此进行实证检验。选取的衡量分工水平的指标包括产业研发活动活跃度、消费市场范围、外部经济联系性与制造业现代化。通过多元回归模型的分析方法，验证人力资本、分工对城市化的作用方向与解释力度。经济单元现代部门人口数占比指标的真实含义是，现代部门经济发展带动经济单元现代化的能力。它意味着现代部门人口数的增多，传统部门人口数的减少。而专业化与分工是经济单元走向现代化的途径。为了分

析人力资本、分工对经济单元劳动要素集聚的影响，以及人力资本与分工之间的关系。本部分以省份城镇人口比重(ur)为因变量，以大专及以上人口占比(edu)为自变量，以分工专业化特征作为中介变量，以地区生产总值对数(lgdp)为控制变量，建立回归模型。其中，经济单元的分工专业化特征包括，规模以上工业企业新产品销售收入(linnorevenue)，规模以上工业企业新产品开发经费支出(linnofund)，限额以上批发、零售企业市场销售总额(lscale)，进出口总额/地区生产总值(trade)，现代制造业销售产值在制造业中的占比(msecond)。

分工在劳动要素集聚中确实起到了重要的作用。回归结果表明，经济单元的分工程度确实是连接经济单元人力资本储量与城镇人口占比的中介机制；经济单元分工能力代表程度越高的指标，对城镇人口占比的解释力度也更大；经济单元分工能力代表程度越低的指标，对城镇人口占比的解释力度也更小。具体来说，人力资本储量与地区生产总值对数对于城镇人口占比的解释程度为0.767，加入了分工变量以后，人力资本储量、分工与经济发展水平对城镇人口占比的解释力度皆提高。其中，对于城镇人口占比解释力度提高幅度最大的是对外贸易依存度。人力资本储量、对外贸易依存度与经济发展水平对于城镇人口占比的解释力度达到0.849。其次是创新活动的经费投入。人力资本储量、创新活动的经费投入与经济发展水平对于城镇人口占比的解释力度为0.824。再次是市场范围。人力资本储量、市场范围与经济发展水平对城镇人口占比的解释力度达到0.807。其后是新产品的经济价值。人力资本储量、新产品的经济价值与经济发展水平对于城镇人口占比的解释力度为0.796。最后是制造业中现代制造业所占的比重。人力资本储量、现代制造业在制造业中所占的比重与经济发展水平对于城镇人口占比的解释力度为0.780。这说明，在衡量经济单元分工专业化的指标中，对外部经济依存度是最具有解释力，能促进人力资本外部性作用发挥并提高劳动要素集聚度的变量。一个省份的对外贸易依存度越高，说明该地区生产专业化程度越高，融入全球、区域分工体系越明显，其分工程度越高。而知识创新活动的投入生产是分工程度的重要代理指标。创新活动具有集聚分布的特点，是现代经济中分工的明显标志。省份的批发、零售市场范围亦是分工的主要内容。一个省份的市场范围越广阔，市场内部的生产专业化程度、产业链条的紧密程度、多样化程度越高，其分工更加细化。此外，新产品经济价值作为分工的代理指标，对于人力资本外部性作用发挥与劳动要素集聚的作用较弱。新产品研发活动的集聚程度高。新产品的研发成果在专业化的地区进行生产并销售到各地市场。研发活动效果的市场应用活动，其集聚程度并不高。由此可以解释现代制造业在制造业中所占的比重对于分工的解释力度较弱。技术供给与市场销售在制造业生产成本中比例较低，现代制造业生产活动的集中程度不高。

表6-1　　人力资本、产业专业化与劳动要素集聚的回归分析

VARIABLES	(1)	(2)	(3)
	Ur	Msecond	Ur
edu	1.337***	0.113***	1.238***
	(0.0710)	(0.0192)	(0.0767)
msecond			0.874***
			(0.293)
lgdp	4.169***	1.636***	2.739***
	(0.538)	(0.145)	(0.711)
constant	−2.068	−13.44***	9.676
	(5.137)	(1.388)	(6.368)
observations	155	155	155
R-squared	0.767	0.567	0.780

注：***$p<0.01$，**$p<0.05$，* $p<0.1$。

表 6-2　　　　　人力资本、创新活动与劳动要素集聚的回归分析

VARIABLES	(1)	(2)	(3)	(4)	(5)	(6)
	ur	Linnorevenue	Ur	Ur	Linnofund	ur
edu	1.337***	0.0243***	1.234***	1.337***	0.0254***	1.174***
	(0.0710)	(0.00686)	(0.0684)	(0.0710)	(0.00548)	(0.0662)
linnorevenue			4.096***			
			(0.780)			
lgdp	4.169***	1.816***	−3.354**	4.169***	1.728***	−6.888***
	(0.538)	(0.0532)	(1.505)	(0.538)	(0.0415)	(1.653)
linnofund						6.398***
						(0.917)
constant	−2.068	−1.310**	4.194	−2.068	−3.033***	17.34***
	(5.137)	(0.511)	(5.004)	(5.137)	(0.396)	(5.276)
observations	155	154	154	155	155	155
R-squared	0.767	0.894	0.796	0.767	0.927	0.824

注：***p<0.01，**p<0.05，* p<0.1。

表 6-3　　人力资本、对外贸易依存度与劳动要素集聚的回归分析

VARIABLES	(1)	(2)	(3)
	Ur	Trade	Ur
edu	1.337***	1.190***	1.134***
	(0.0710)	(0.247)	(0.0615)
trade			0.171***
			(0.0188)
lgdp	4.169***	10.04***	2.455***
	(0.538)	(1.873)	(0.474)
constant	−2.068	−89.82***	13.27***
	(5.137)	(17.88)	(4.477)

续表

VARIABLES	(1) Ur	(2) Trade	(3) Ur
observations	155	155	155
R-squared	0.767	0.303	0.849

注：***p<0.01，**p<0.05，* p<0.1。

表6-4　　　人力资本、市场范围与劳动要素集聚的回归分析

VARIABLES	(1) Ur	(2) Lscale	(3) Ur
edu	1.337 ***	0.0619 ***	0.973 ***
	(0.0710)	(0.00501)	(0.0918)
lscale			5.872 ***
			(1.049)
lgdp	4.169 ***	1.065 ***	−2.088 *
	(0.538)	(0.0380)	(1.221)
constant	−2.068	−1.430 ***	6.330
	(5.137)	(0.363)	(4.924)
observations	155	155	155
R-squared	0.767	0.882	0.807

注：***p<0.01，**p<0.05，* p<0.1。

　　城市内部劳动要素集聚是资源禀赋、技术条件、分工专业化所形成的比较优势、规模经济等因素共同作用的结果。不同城市的人力资本禀赋、知识储量、产业构成、工业化水平、所处区域的发展水平决定了城市的有效劳动需求曲线弯曲的幅度不同。由此决定了均衡条件下，劳动要素集聚态势的差异。在目前的发展阶段上，分工专业化是现代制造业发展的有效途径，是促进人力资本外部性作用发挥、劳动要素集聚的条

件。我国城市化进程已经到了这样的一个阶段。制造业需要以专业化分工为方向，才能促进人力资本外部性作用的发挥与劳动要素的集聚。高效率的工业生产过程是，城市以资源禀赋为基础发展专业化的产业，不同城市之间形成分工与合作的关系。从单个经济单元的视角看，劳动要素集聚取决于其内部产业的专业化水平。而从经济体整体的视角看，城市生产活动的分工与合作有助于劳动要素的集聚与城市化水平的提高。

6.5　城市化中劳动要素集聚动态演进逻辑的再阐述

经济单元较高的劳动生产率是劳动要素集聚程度增加的主要原因。而经济单元内部较高的劳动生产率是由人力资本存量与产业专业化程度所决定的。具有较高人力资本存量的经济单元内部劳动要素集聚具有累积循环的增长态势。其一，经济单元较高的劳动生产率是劳动要素集聚程度增加的主要原因。正如产业结构演进分析的逻辑基础一样，劳动力在空间内部流动的原因是，若劳动要素在某一经济单元能够产生较高的边际劳动生产率，那么劳动者将会向边际劳动生产率较高的经济单元内部流动。这是资源要素配置效率提高的主要方式。一是，经济单元整体生产率较高是建立在经济单元内部每个劳动者生产效率提高的基础上的。经济单元较高劳动生产率的形成或是源于资本的充足供应，或是源于劳动要素的规模报酬递增①。对于资本供应充足的经济单元来说，在资本边际报酬依然增加的时候，与之相匹配的劳动要素需求也会增加，那么，微观劳动者在与资本的匹配过程中实现生产效率的提高。对于劳动要素规模报酬递增的经济单元来说，源于经济生活中的组织环境、生产模式与生产形式的优化，劳动要素通过合作与互动可以产生具有经济

---

① 规模报酬递增，是指生产单元内部要素的数量增加一个单位，其边际产值大于0。即伴随着要素规模的扩大，其整体的生产效率是提高的。

价值的服务产品，由此增加劳动者的生产率。在这种条件下，微观劳动要素数量的增加会增加互动、合作的可能性并提高劳动生产率。二是，预期较高的劳动生产率会引起劳动者的流入。这是以效益优化为目标追求的劳动者空间流动选择的结果。可见，其一，经济单元较高的劳动生产率可提高劳动者的收入水平，吸引外部劳动要素流入，增加经济单元的劳动要素规模。其二，经济单元劳动生产率由人力资本存量与产业专业化程度所决定。经济单元内部如何生成较高的劳动生产率呢？正如刘易斯在分析二元经济转化过程时所表达的观点，不同经济部门具有不同的性质，由此产生了不同的劳动生产率与劳动要素需求。需要区别不同经济部门内部劳动者生产效率形成的原因以及劳动要素需求形成的原因。这种不同性质的经济部门可以划分为劳动要素过剩的经济部门、资本规模报酬递增的经济部门、劳动要素规模报酬递增的经济部门（蔡昉，2015）。这三种不同性质的经济部门可以刻画出经济单元的异质性之所在。具体来说，一是，在劳动要素过剩的经济单元内部，资本供应不充足，劳动要素也无法形成规模收益递增，劳动生产率较低，经济生活中生产要素的效率增长潜力不足。在这种情况下，经济生活对劳动要素的需求数量是固定的。当经济生活中劳动要素数量增加时，劳动要素的边际生产率不会提高，反而会下降。二是，在具有资本规模报酬递增属性的经济单元内部，资本供应充足，劳动要素生产率将会提高，但是提高的幅度有限。因为资本供应的绝对数量是有限的。资本数量会达到一定的限制，与之相对应的劳动要素数量也会达到一定的限制。尤其是，从动态的视角出发，技术条件的变化将会改变经济生活中劳动与资本要素的配置比例关系，资本数量会增加，劳动要素会减小。三是，在劳动要素规模报酬递增的经济单元内部，劳动要素数量增加会形成更大的规模经济效应，劳动生产率会不断提高。在这种生产条件下，劳动要素的规模与劳动生产率之间形成了一种正向的循环关系。劳动要素规模的扩大促进了劳动生产率的增加，劳动生产率的增加又进一步的促进了劳动要素规模的扩大。劳动要素规模形成了一种累积循环增长的态势。

需要说明的是，从劳动要素过剩的经济单元到资本规模报酬递增的经济单元、再到劳动要素规模报酬递增的经济单元，其所支撑的经济条件是发生变化的。经济单元内部的产业常常经历了一个由物质资源供给有限且资本积累速度较慢、向资本积累速度加快，再到知识创新且具有高附加价值的服务业转化的过程。而这个过程依赖于人力资本存量的提高。其三，人力资本储量较高的经济单元内部劳动要素集聚具有累积循环的态势。不断生成的劳动生产率是劳动要素集聚呈现累积循环态势的主要原因。劳动要素的累积循环态势是指在一定的时间、空间范围内部，劳动要素源源不断地向某一经济单元内部集聚。不断生成较高的劳动生产率是吸引外部劳动要素不断到来的主要原因（蔡昉，2017）。一是，具有劳动要素规模报酬递增特点的经济单元，其劳动生产率会不断生成。由前述分析，无论是资本规模报酬递减的经济单元、还是资本规模报酬递增的经济单元，都受制于资本积累能力。尤其是，以资本报酬递增为主要特点的产业一般具有产品形式单一的特点。消费市场需求的饱和度、比较优势的消失都会引起经济单元内部资本规模报酬递增效应的减小。在具有劳动要素规模报酬递增特点的经济单元内部，劳动生产率才会不断生成。二是，具有劳动要素规模报酬递增特点的经济单元是以人力资本存量高为前提条件的。经济单元劳动生产率持续提高以人力资本存量、创新、高附加价值服务业为基础。具有高附加价值的服务业对于劳动者的素质要求较高，需要劳动者以脑力加工完成服务产品的生产活动。其四，经济单元劳动要素规模与劳动生产率的关联。经济单元内部劳动要素数量增加的经济效果在于创新的形成与生产效率的提高，产品供给的持续增加，供给体系的持续升级。同时，经济单元内部的劳动要素规模也意味着消费市场与消费能力，是完成生产体系升级向价值体系升级转变的重要环节。即劳动要素规模增加是经济生产活动中产业价值体系升级的有利因素，是创新活动得以顺利进行的重要环节（蔡昉，2017）。而连接劳动要素规模与创新的中间机制在于劳动要素的聚集。当经济单元内部劳动者数量增加，劳动者素质提高，劳动者生产活动联系紧密，劳动者的互动、交流频率将会增加，劳动生产率会提高，劳动者能够获得收入溢价，城市内部劳动要素数量将会增加。经济单元内部的劳动要素规模与劳动生产率之间形成了一种互动与累积循环的关系。

6.6 小结

在技术革新、产业更新、生产工艺创新的条件下，社会生活中的分工水平处于变化中，与之相伴随的集聚现象亦处于变化之中。分工与集聚的循环互动联系，既可以解释现代生产活动中城市化水平空间差异的现象，亦可以解释在经济发展与科技进步中城市化水平提高的现象。劳动者以分工的形式开展生产活动可以提高效率。劳动者致力于分工的过程，是经济生活中效率增加的过程，是创造劳动要素集聚的客观条件的过程。正是在劳动者追求更加美好生活的过程中，在技术进步与生产工艺更新的过程中，经济生活中形成有利于分工的因素，劳动者互动频率提高且生产效率提升，空间范围内部出现劳动要素集聚的态势，进而提高城市化水平。

在分工的过程中，在人力资本外部性作用发挥的过程中，劳动者的人力资本禀赋增加，新的技术不断地发明并快速的应用于生产领域，专业性的技术开发机构出现且呈增多的趋势，为产业体系的升级，生产规模的扩大，劳动要素规模的增加提供了可能，进而在一定的空间范围内部形成了劳动要素集聚的经济现象。从人力资本外部性理论的内涵出发，来分析分工与城市化的关系，进而得出城市化的动力机制在于经济单元内部分工水平的提高。分工水平愈高，劳动者交流的频率与效率愈大，人力资本外部性作用的发挥愈加明显，在提高劳动者人力资本禀赋、微观劳动生产率的同时，引起劳动者在现代部门的集聚，提高城市化水平。在传统的农耕社会向现代工业社会发展的进程中，劳动者的生产活动从田园牧歌式的农耕生活向机器大规模生产活动转变，劳动要素的分布模式经历了分散布局向集中布局的转变，从事现代生产活动的劳动要素数量逐渐增多。城市化进程由此拉开了序幕。现代部门劳动要素份额的提高与劳动要素的集聚分布是现代生产活动经济价值提升、要素分布密度增大与产业规模增加的结果。分工专业化是工业文明时代物质生产的主要动力。相对于传统的自给自足经济而言，现代部门劳动者之间形成的分工，促进了每个劳动者生产效率的提高与经济价值的提升。分工的属性决定了劳动要素需要在一定的地域范围内部集中分布，从而让不同的劳动者专注于自身的分工领域，充分发挥生产潜能以提高生产活动的效率，同时不同劳动者的生产活动相互联系形成网络，由此生成高效的劳动要素集聚单元。可见，分工专业化是劳动要素集聚分布与城市化水平提高的动力源。

在目前的经济发展阶段上，工业生产率提高、工业产品的需求市场扩大、工业的比较优势具有发展空间。更重要的是，经济体竞争力的提高依然依靠于以实物生产为主的工业。现代服务业的发展亦以工业的高度发达为依托。工业的比较优势是打开国际市场，提高产业的国际竞争力，优化国际贸易条件的关键。没有高度发达的工业基础，现代服务业的发展将会不可持续。经济生活中工业产品的生产依然是重点，依然是大多数劳动者生产活动的内容。分工的进步是工业产品竞争力提高的原因，是工业生产规模扩大的条件。社会生活中应形成一种有助于分工的客观条件。其一，劳动者知识体系的专业化是分工专业化的前提。发展专业化的产业需要有专业化知识储备的人才。现代社会中人才的培养应该以专业化为方向。一是，高等教育阶段的学科分类需要细化。学科走向细化，是人才培养走向专业化的关键，是产业发展专业化的储备条件。二是，发展职业教育以增加专业技术型人才的供给水平。职业教育是完善国民教育体系中的不可或缺，在专业型人才培养与专业化产业发展中具有重要的作用。三是，将现代知识纳入基础教育体系中来。伴随着现代社会的发展，对于信息技术、金融等知识的掌握是学习其他任何学科的基础储备。在具备大量现代化知识的条件下，深入研究专业化的知识，是劳动者知识体系专业化的关键。其二，产业比较优势的形成是产业分工与体系升级的前提条件。城市专注于具有比较优势的分工领域，与其他城市形成互补与合作的联系，是现代部门社会中分工的具体表现。在制定城市的发展规划时，深度了解城市的资源禀赋，正确定位城市的发展阶段，选择具有比较优势的产业；提高要素与产品在城市间的流动速度，不同城市相互联合形成相对联通的消费市场与生产原料供应市场，是城市内部产业走向专业化的途径。其三，市场主体以外部需求市场、技术条件与要素价格为依据，调整生产结构，是形成高效的分工协作体系、保持动态比较优势的关键。及时掌握需求市场的动态，调整生产工艺与技术结构，生产出更多符合更高需求层次的产品，让市场主体在动态中保持比较优势；制定法律保护劳动者的就业权益，规范劳动者的雇佣模式，提高岗前培训的质量，减少分工中的交易费用，为产业规范、高效运行提供保障。其四，产品市场范围扩大是生产活动分工细化与生产专业化的主要依托。通过展销会、博览会等形式进一步扩大产品的市场范围；提供必要的商业信息与中介服务的供给，减小信息在空间范围内的不对称性，拓宽产品的销售渠道。总而言之，社会生活中形成高效的分工与协作体系，是市场主体经济价值提升的有利条件，是劳动要素集聚、城市化推进的动力所在。

第7章　人力资本外部性与城乡 二元一体化

7.1　引言

  城市化的动力机制问题可以从供给的视角来分析。在现代部门有效劳动需求足够大的条件下，城市化的动力来源于传统部门的劳动供给。在经历了传统部门劳动力无限供给的发展阶段后，劳动力向现代部门转移的动力是，农业部门劳动生产率的提高。传统部门劳动力无限供给可以理解为，为了生产满足经济体需求的农产品，农业生产活动所必要的劳动力数量远远小于传统部门劳动力的实际数量。伴随着传统部门剩余劳动力的转移，这种传统部门无限供给的劳动力数量在减少。随后传统部门劳动力供给的增加，将建立在传统部门劳动生产率提高的基础之上。即在传统部门劳动生产率提高的条件下，为生产满足经济体需要的农产品，农业生产活动的必要劳动力数量在减少，传统部门劳动供给在增加。供给视角下，城市化的动力机制问题是农业生产效率提高的问题。

  传统部门劳动生产率的提高是农业生产系统从低水平的均衡向高水平的均衡转变的过程。这种转变的动力在于，人力资本储量所带来的技术进步，外溢到农业生产活动中，优化农业部门生产要素的组合，提高资源配置的效率。舒尔茨认为，如果说传统部门是有效率的，这种有效是指在给定的技术条件下，劳动者对生产要素的高效配置。相对于现代部门来说，传统部门依然是一种低效率的存在。在没有外部因素引入的情况下，农业生产活动将陷入一种低效率的循环。农业劳动者对其所能掌握的要素加以综合利用，但生产效率依然很低。这种能够打破低水平均衡陷阱的外部因素是农业新技术。而农业新技术主要来自现代部门专业化技术人员的开发、外溢。需要指出的是，传统部门劳动者具备掌握与应用农业新技术的能力是传统部门生产活动效率提高的必备条件。农业部门的劳动生产率问题转变为，农业劳动者人力资本禀赋在农业生产中的作用问题。农业生产劳动者是理性的，农业是有效的，投资于农业生产是可以创造经济价值的。正是农业生产者的人力资本禀赋决定了农业生产活动中新技术的应用与农业劳动生产率的提高①。

现代部门农业新技术的开发与传统部门对于农业新技术的应用是人力资本外部性作用发挥的过程。良性城市化的推进绝不是以农业的缩小、农业劳动生产率的降低为代价，而是以农业的发展、农业劳动生产率的提高为前提。在人力资本外部性作用发挥的条件下，农业劳动生产率的提高，传统部门劳动要素供给的增加与城乡二元结构的转化相伴而行。

7.2　人力资本外部性与传统部门劳动供给理论概述

农业生产活动所需投入的要素包括土地、劳动、机器、肥料等。农业生产活动所必要的劳动要素数量的减少不是劳动生产率下降的结果，而是劳动生产率提高的结果。社会对农产品的需求具有稳定性。为了生

---

① 　关于传统部门劳动生产率的影响因素问题，参见刘易斯、舒尔茨等经济学者的观点。

产一定数量的农产品，农业生产部门需要投入劳动、土地、肥料、资本、器械等要素。当生产技术条件发生改变时，农业生产活动所必要投入的劳动要素数量将会减少，农业部门将形成有效的劳动供给。从这个角度出发，传统部门劳动要素供给的影响因素在于农业劳动生产率。

1. 技术条件变化是农业生产效率改进与传统部门劳动供给形成的原因

技术条件是劳动者在互动合作中运用脑力与智慧创造出来的。这是人力资本外部性在农业生产活动效率增加与农业有效劳动供给形成中作用的具体表现之一。

其一，经济理论论述了技术进步在农业生产活动中的作用。舒尔茨在《改造传统农业》一书中强调农业部门是一个有效率的部门。在既有的技术供给条件下，农业生产劳动者总是能够集合各种资源合理配置以形成产出。当有外部技术因素引进时，传统农业的资源配置模式发生改变。具有知识的农业生产劳动者会根据变化了的技术条件而改善农业生产的资源要素组合形式，促进农业劳动生产率的提高。传统农业生产效率改善的关键在于，外部技术的引入与农业劳动者知识水平的提高。农业生产效率的提高一直是农业劳动力从传统部门向现代部门转移的主要动力（舒尔茨，2006）。拉坦在《农业研究政策》一书中阐述了，农业生产效率取决于，公共与私营部门研究机构供给新技术的能力，现代部门开发农业新技术的能力，农业生产劳动者获得新知识和有效利用新技术的能力。与农业生产活动相关的教育、研究活动具有公共品属性。技术是农业生产效率提高的内生变量。传统农业本身是一个稳定的系统。正是技术条件的引入才导致传统部门资源要素组合形式发生改变，减小农业生产活动对劳动要素投入的需求，促进传统部门有效劳动供给的出现（Ruttan，1982）。可见，经济理论表明，农业生产技术的进步与知识外溢在农业生产效率提高中具有重要的作用。现代农业技术的改进是一种有意识的研究与开发的过程，是由专门的生产机构组织大量科研人员开发新技术与新产品的结果，并在农业生产各部门间扩散，农业劳动生产者在掌握大量知识的基础上将其应用于生产过程，这是农业生产效率提高的逻辑所在。

其二，现代农业发展的实践说明了技术在农业生产过程中将发挥重要的作用。农业生产效率的提高是多种因素起作用的结果。劳动生产率的提高是传统部门有效劳动供给增加的有效途径。农业生产过程中技术进步所起的作用具体包括：一是，农业机械化是农业生产效率提高的有效途径。农业机械化是一个宽泛的概念。农业机械化是指技术进步的成果在农业生产中应用的程度。有研究表明，农业生产活动的机械化、现代部门较高的工资水平与农产品价格的下降是农业部门劳动要素需求数量减少的原因所在（Grove and Heinicke，2003）。要提高农业生产的机械化水平，除了农业劳动者自身对机器设备的使用外，还需要财政的支持。源于农业生产活动的积累速度缓慢，农业技术的使用是一种成本高、投资回报周期长的活动。同时，农业部门的产品也具有部分公共品属性。财政对农业机械技术的投入是必要且合理的。二是，农业生产活动中的物质与劳动要素是按一定比例配置的。如果农业生产活动中的物质要素投入数量在增加，农业生产活动中必要劳动要素投入数量将减少。研究发现，如果农业生产方式向规模化经营、技术型方向发展，农业生产者在经营、管理的过程中发挥生产潜能、创新，可在农业生产活动中必要劳动要素投入数量减少的情况下，维持农业的有序、持续发展（Taylor et al.，2012）。三是，农业生产系统是融合不同的生产要素，以一定的生产模式创造产出的经济体系。相同的农业生产要素数量在不同的农业生产模式与技术条件下可创造出不同的产出。农业生产活动的规模经营与农用机械的使用相互配合是一种优化的农业生产模式。优化的农业生产模式，可提高传统部门劳动生产率并增加传统部门有效劳动供给。可见，农业生产可看作是融合不同生产要素组合而成的综合大系统。生产要素数量的增减，配置比例的变化，生产要素组合模式的更新，可促进农业生产大系统的优化升级。伴随着经济的发展、技术的进步，社会生活对农产品的需求量是以较小的幅度增加的，是有限的；而农业生产技术的研发部门可提高农业生产活动的效率，以优化农业生产系统；在此过程中，农业生产活动对劳动要素的需求数量将会减少，形成传统部门有效劳动供给。

2. 农业生产活动中存在着外部性，知识在农村社会网络中有效地传播

这是人力资本外部性在农业生产活动中作用的具体表现之二。农业生产活动中的技术应用与传播具体表现在：一是，农业生产活动中的劳动者并不是被动的适应自然条件从事生产活动，而是主动地改进农业生产过程中的种植类型、化肥投入与机器设备的使用。源于农业生产活动的特殊性，社会网络与中介组织可促进农业技术的应用与农业知识的外溢(张永强等，2014)。二是，农业生产中存在分工。农业生产链条上不同的环节形成专业化的分工，可优化农业生产活动的技术、提升农业生产活动的效率。在农业生产活动可分的条件下，农业劳动者与专业的服务机构合作，可提高农业生产效率(张中军和易中懿，2015)。伴随着技术在农业生产活动中的应用，为提高生产活动的效率与技术的应用程度，农业生产活动需要在分工的条件下进行。三是，农业生产中的技术具有扩散与外溢的性质。农业劳动者对于农业生产活动中的技术选择不是无意识的，而是会受到周围其他劳动者的影响的。在农业技术与生产方式的选择中，农业生产活动具有某种程度的外部性(王静和霍学喜，2015)。政府作为农业技术的供给方，为农业生产活动提供非排他性的知识。知识是一种具有正外部性的公共品，对于农业生产效率的提高作用明显。如果说农业部门内部不同要素的配置比例变化一直是农业生产活动有效劳动供给形成的关键。而引起农业部门要素配置比例变化的因素是技术与制度的引入。这两点正是舒尔茨在谈到农业生产效率改

进的途径时所强调的重点。技术要素的引入需要现代农业生产技术的创新与农业生产劳动者对现代技术的吸收、使用与应用的能力。人力资本是技术要素引入的重点。制度因素主要是指农产品价格的市场化、农业生产中介服务机构供给、农机具补贴等方面。需要说明的是，已有研究分析人力资本禀赋在劳动力向现代部门流动中的作用。但其研究视角着眼于微观，强调的是劳动者的人力资本禀赋会影响到劳动者的迁移愿望与能力，而没有考察农业人力资本禀赋整体的提高对于农业生产活动效率的影响。源于农业生产的社会化属性，农业劳动者的理性特征，农业生产活动中劳动者人力资本存量的提高与农业技术的应用在传统部门有效劳动供给中具有重要的作用。

经济社会发展的实践表明，农村劳动生产效率的提高是改变农村自给自足生产状态，将劳动力从农业生产中剩余出来的必由之路。而农业生产效率的提高既依赖于农业生产设备的更新升级，也依赖于农业经营耕作方式的改善提高，更依赖于农业劳动者主观能动性的极大化发挥。现代部门劳动者素质的提高是农业生产设备更新与农业新技术产生的源泉。传统部门劳动者素质的提高是农业劳动者主观能动性发挥与劳动者交流互动效率提高的动力所在。可见，人力资本储量在农业劳动生产率的提高与传统部门有效劳动供给的增加中具有重要的作用。

7.3 人力资本外部性视角下传统部门劳动供给形成的机制

伴随着经济发展与技术进步，传统部门生产活动处于不断的动态变化之中。农业生产耕作形式也发生改变，从传统的农耕方式向机械化、技术化、规模化的方向发展。在此过程中，农业劳动者之间交流的频率在提高。劳动者之间共享技术、信息的可能性在增加。农业生产劳动者努力地获取信息并应用于生产过程。于是，人力资本外部性在农业生产效率提高与传统部门劳动要素供给中的作用是存在的。

1. 农业生产过程中存在人力资本外部性

传统部门劳动者追求效率的理性属性决定农业生产活动是一种社会化的生产过程。人力资本外部性在农业生产过程中依然存在并发挥作用。农业是具有效率的。按照舒尔茨的观点，农业的效率从一种均衡态向另一种均衡态过渡的关键在于，技术要素的引入和农业劳动者素质的提高。其一，人力资本外部性存在于理性小农的生产过程中。农业生产中技术要素的引入过程是知识、技术转移扩散的过程。现代部门的知识、信息要素不断地流入传统部门，辐射到传统部门劳动者的生产活动中，传统部门劳动者接收外部的信息，并提高资源配置能力与要素使用效率，以一种更加有效的方式配置已有的要素并创造更大的产出（林毅夫，1988）。这里，传统部门劳动者资源配置能力是一个内涵广泛的概念。资源要素的配置是指，以土壤、气候、地形等自然条件为基础选择合宜的农业技术，按照一定的比例投入劳动、肥料、机械、资金等要素。在农业生产过程中，农业劳动者更具有自主性。从资料投入、种植类型、耕作过程再到消费市场，都由农业生产劳动者自主选择。由于耕作所需要的体力消耗大，农业劳动者不能单独完成整个生产过程，以农户为单位的农业劳动者会选择合作与互助，在农户内部进行分工与协作。传统部门的互助合作过程与现代部门生产过程中的分工具有某种程度的相似性。合作、交流、互助的模式在农业生产过程中同样适用。在这种交流的过程中，耕作方式得到改进、农业劳动生产率实现提高。所以，人力资本外部性作用的发挥依然存在于农业生产过程中。只不过人力资本外部性在现代部门与传统部门生产中作用发挥的程度存在不同罢了。

其二，人力资本外部性存在于社会化小农的生产过程中。过去的农耕生产活动具有自给自足的特征。伴随着经济的发展与技术的进步，农产品市场逐步形成，农业部门愈加具有市场化特征，农业生产劳动者愈加理性，追求经济效益成为农业生产活动的主要考量，高效率的农业劳动者可在农业生产活动中获得较大的收益。一是，农业生产劳动者的目标发生变化。小农经济发展经历了从传统、商品、社会化到现代小农的演化，其发展目标也从生存最大化、效用最大化、货币收入最大化再到利润最大化的演化（邓大才，2006）。二是农业生产过程逐步成为现代产业体系中的一部分。社会分工的发展，农业生产过程日益商品化，小农日益深入到生产过程中，小农的生产活动具有市场化的观念（李继刚，2012）。三是，农业生产活动愈加具有市场化的特征。风险意识、时间概念、信息完全是小农理性的标志（饶旭鹏，2011）。信息技术的进步为农业生产条件的改善提供机遇。农业生产环境日益市场化，小农的生产行为理性化、社会化，其行为选择的社会属性在增强。社会网络中信息、知识的流通效率在增加，改良的农业技术在小农生产活动中迅速传播，农业生产劳动者的交往范围逐步扩大。在农业劳动者交往的过程中，知识、信息流通速度加快，人力资本外部性作用发挥愈加明显。

2. 人力资本外部性在农业生产中的作用机制

现代部门内部劳动者的交流产生新技术，并外溢到农业生产部门。农业社会中信息流通速度快，劳动者交流农业技术的使用情况，农业生产活动相互影响，农业劳动者的生产效率一齐提高。人力资本外部性在农业部门有效劳动供给形成中的作用机制包括以下几点：其一，传统部门劳动者所具有的人力资本禀赋可直接应用于农业生产过程。农业知识直接指导农业劳动者的生产实践。具有较高知识储量的农业生产劳动者能够较快速地吸收、应用先进的农业技术，将其应用到农业生产过程中去，为农村劳动生产率的提高提供最为直接的动力源，为农业劳动要素供给提供外部的条件。其二，现代部门人力资本外部性的经济效果是科技研发、农业生产设备更新。科研单位、研究院所是知识创新的主要场所，需要大量农业专业技术人员通过合作、协调、研发并形成具有广泛适用性、可操作性的技术与设备。生产技术的大规模使用与应用可促进农业生产效率的提高。农业生产技术的研发、生产工艺的改进、农业机器设备的更新，有助于提高农业生产活动的效率，提高传统部门的有效劳动供给。其三，现代部门人力资本外部性，经由信息技术的作用，辐射到传统生产活动中。现代部门信息技术进步对传统部门的影响是，农业劳动者能使用电子商务平台以拓宽农产品的市场范围，使用信息技术来获取农产品需求市场的信息，通过网络学习最先进的农业生产技术。可见，信息技术的发展确实会提高农村劳动者的生产效率。在人力资本外部性作用发挥的条件下，现代服务业与制造业获得发展。农业份额的减少是以现代部门的高度发达为前提的。由此，二元经济结构转化的过程必然伴随着传统部门份额的减少与现代部门份额的增加。其四，传统部门劳动者的人力资本禀赋在，合理规划农业生产活动、选择适当种植品种、扩大农业生产规模，提高农业生产活动效率等方面起作用。农业生产活动效率改进，在很大程度上，依赖于规模经营。规模经营是以农业劳动者生产技术水平提高与机械化投入使用为前提的。这是一种符合现代化方向的农业生产方式。农业部门的规模经营与机械化使用需要以劳动者人力资本禀赋提高为前提条件。在农业劳动者的交流与互动的过程中，经济生活中形成知识外溢与创新，农业生产活动信息获取的效率提高、农业机械广泛使用、技术更新的速度加快、农业生产的合作加深。传统部门生产活动中亦存在人力资本外部性的作用。只不过，相对于现代部门而言，传统部门中，人力资本存量对生产活动效率的作用是间接的。随着社会分工的发展，农业劳动者的联系日益密切，人力资本外部性在农业生产活动中的作用愈加明显。现代部门所开发的农业新技术，可外溢到传统部门的生产活动中，改善传统部门生产活动的效率。同时，传统部门劳动者之间密切且频繁的交流，可促进农业生产技术的扩散与农业生产方式的改进，提高农业生产活动的效率。

3. 人力资本外部性在城乡二元一体化中的作用

若城市化的推进与现代产业的发展，伴随着传统部门劳动生产率的降低，那么，传统部门的生产活动将受到很大影响。可以说，没有坚实的农业基础，城市经济发展与现代产业高度化是不可持续的，更无法维持经济体在国际竞争中的相对优势。若城市化的推进与产业的发展是，以传统部门提供的廉价原料为基础的。这种城市经济的发展模式亦不具有可持续性。尤其是，这种发展没有提高经济体内部所有劳动者的福利水平，仅提高一部分劳动者的福利水平。这是不符合经济体长期发展目标的。在城市化进程中，城市经济的发展必然以传统部门的发达为基础。城市内部的现代农业技术、消费市场、农产品销售服务机构、销售市场平台为传统部门产业发展提供支持。传统部门劳动生产率的提高与传统部门产业的发展是经济体城市化良性运行的内在要求。

城乡二元一体化是反映城市化的重要指标。城乡二元一体化指现代部门与传统部门劳动生产率与收入水平的一致性。一般来说，在经济发展的早期阶段，劳动力在传统部门从事自给自足的农业生产活动。随着工艺的进步与社会消费需求的出现，现代部门出现以满足基本生活需要为目的的服务业，如工商、运输等。在此过程中，现代部门生产活动的效率提高，劳动者的收入水平亦提高。一部分劳动者选择到现代部门工商业从事生产劳动。这是城市化过程的雏形。伴随着技术的进步、农业机械化水平的提高、工业生产体系的升级，社会生活对工业与服务业产品的需求增大，现代部门生产活动的规模扩大，劳动者加入到工业生产活动中来，现代部门生产活动的效率提高较快。但传统部门劳动者生产效率较低，社会对农产品的需求规模有限，劳动者的主观能动性发挥得不充分，农业生产活动具有低效率的特征。这时，经济生活中现代、传统部门劳动生产率存在较大的差异。城乡二元一体化的关键在于，传统部门劳动者生产率的提高，并且这种提高的幅度大于现代部门。在传统部门劳动者生产效率提高的过程中，农业生产活动对于传统部门劳动要素的需求减小，城乡二元一体化得以推进。而传统部门劳动生产率取决于，传统部门劳动者的技术应用与市场开拓能力。同样重要的是，传统部门劳动力转移至现代部门，引致现代部门劳动就业占比的增加。从本质上看，城乡二元一体化是，传统部门以更快的速度提高劳动生产率，逐步缩小与现代部门劳动生产率的差异，进而在更高的效率水平上实现现代、传统部门的同质化。

为何城乡二元一体化是经济体发展的一个目标呢？在城乡二元一体化的过程中，生产活动中的劳动要素得到了最大化的配置与使用，微观劳动生产率得到最大化的开发与提高，经济生活中农业、制造业与服务业产品同时增加。开发传统部门劳动者的生产潜能，提高传统部门劳动者的生产效率，是城市经济持续发展的重要来源。一是城市经济持续发展对于劳动要素的需求扩大。而劳动要素主要来自传统部门。二是城市内部现代部门的产品是符合消费者更高需求层次的。传统部门产品的充分供给是消费者基本需求的保障来源。消费者在满足基本需求的条件下，才会产生对更高层次产品的需求。由此，传统部门产品供给的高效率，是现代部门产品生产的基础与前提。那么，如何开发传统部门内部劳动者的生产潜能，并提高传统部门劳动者的生产效率呢？源于传统部门的生产活动对于土地、气候、地形等自然条件依赖较大，农业生产活动具有天然的分散特征。农业生产中劳动者互动、交流的效率与劳动者自身的素质相关联。在这种交流与互动的过程中，农业劳动者对信息的获取、加工与处理的能力提高，对农业技术的领悟与应用能力增强。可见，农业生产活动中人力资本外部性作用发挥的大小，与传统部门劳动者素质相关联。农业部门劳动者素质的提高可以放大人力资本外部性的作用，提高农业技术的应用水平，农业知识的扩散程度，农业生产模式的更新速度。农业生产活动中人力资本外部性作用发挥的经济效果是农业劳动者生产效率的提高。在此过程中，城乡二元一体化得以推进。

现代部门的人力资本外部性如何在传统部门生产活动中起作用呢？

在经济发展过程中，现代部门与传统部门的生产活动从来是联系的。将这两个空间上存在距离的部门联系起来的纽带是，社会生活中劳动者的交流与互动。现代部门的农业技术应用于传统部门的生产活动中，农产品的数量、质量、品种增加，进而打开现代部门的消费市场并提高农产品的经济价值。开拓消费市场并提高农产品的经济价值，是农业走向现代化的关键。可见，现代部门人力资本禀赋对于城乡二元一体化具有较大的作用。农业技术的进步从来不止于农业劳动者的改良与智慧的创造。研发部门的农业技术开发活动是传统部门劳动者生产方式改进与生产效率提高的关键。传统部门人力资本外部性如何在传统部门生产活动中起作用呢？人力资本外部性的本质在于，劳动者交流、互动能够产生知识外溢与效率。有理由相信，在现代化的农业生产模式中，农业劳动者之间保持密切的交流与沟通，知识、信息在农业劳动者之间流动与外溢，农业生产劳动者与技术开发部门保持密切的联系，提高新技术的外溢水平，从而社会生活中形成更有效率的农业生产活动。传统部门微观劳动生产率的提高是劳动者互动并形成知识外溢的结果。这种效率的提高所带来的农产品数量增加与质量提高，大于社会对农产品的需求。这

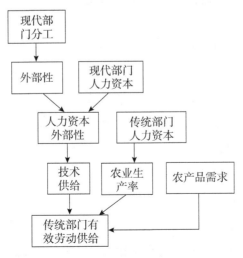

图 7-1　传统部门有效劳动供给生成机制图

时，传统部门生产活动对劳动要素的需求小于供给，是城市化中劳动力向更高效率部门流动的动力所在。在现代部门投入产出效率本身大于传统部门投入产出效率的情况下，农业生产活动的投入产出效率提高速度更快，农业生产活动的投入产出效率与现代化产业的效率走向一致，城市化有序推进。

7.4 传统部门劳动供给影响因素的实证

在不同的经济发展阶段上，传统部门有效劳动供给存在不同。伴随着技术进步与产业现代化水平的提高，传统部门劳动要素供给的增加是建立在劳动生产率提高的基础之上的。现代部门与传统部门人力资本存量皆对城乡二元一体化产生影响。在人力资本外部性作用发挥的条件下，现代部门产业发展水平提高，传统部门劳动生产率增加迅速，城乡收入水平差距减小。

1. 传统部门有效劳动供给的阶段性演变

传统部门劳动供给的影响因素是什么？经济体需要一定数量的农业劳动者从事农业生产活动，以满足经济体所有消费者对农产品的必要需求。农业产品是消费者最基本的需要，是经济生活维持发展的前提。于是，经济生活中的必要农业劳动生产者数量是所有消费者对农产品需求的函数。但农业劳动者的生产效率不是一成不变的，而是处于不断的变化之中的。尤其是，农业生产技术的进步与机械设备的改善，会提高单个农业劳动者生产产品的数量与质量。在社会对农产品需求总量不变的条件下，单个农业劳动者生产效率的提高，会减少传统部门的必要劳动力数量，增加传统部门的有效劳动供给。分析的假定条件包括：一是农产品的种类、形态具有相对稳定性，农产品的需求是经济体人口的函

数；二是农业技术进步具有稳定性，进而使得农业劳动者产出水平增长
具有稳定性，是时间的线性函数。传统部门有效劳动供给的提高是伴随
着农业生产活动效率提高而出现的。将传统部门视作农产品的供给部
门，传统部门对劳动要素的需求数量是市场对农产品的需求量与农业劳
动生产率的函数。其中，传统部门对劳动要素的需求数量是市场对农产
品的需求量的增函数，是农业劳动生产率的减函数。其一，农产品的需
求市场是经济体对农产品的需求数量（不考虑国际贸易）。农业产品的
特点包括产品种类有限、产品质量稳定。这使得每个消费者消费的农产
品数量与质量相对固定。由此，经济体对农产品的需求量可以视作总人
口的线性函数。其二，乡村就业人口是指从事农业生产劳动的人员数
量，乡村人口是指在乡村生产、居住的人口数量。二者的差别在于，有
一些在乡村生活，但不从事农业生产的农业人口。主要包括不具有劳动
能力的人口，年龄较大不具有生产能力的人口，处于学龄阶段而不从事
农业生产劳作的人口。其三，乡村人口总数是指生活在乡村的人口，乡
村人口占比是指经济体总人口中生活在乡村的人口所占的比例。乡村人
口中的就业人口是农业生产活动中的从业人口，而其在总人口中占比的
上升或者下降，不仅受到乡村人口绝对数的影响，更重要的是受到总人
口绝对值的影响。由此，乡村人口数、乡村就业人员数、总人口数之间
建立起了联系。三者的变化及其互动引起了传统部门有效劳动供给的变
化。传统部门有效劳动供给数量的计算方法如下①。第一步，以 1978
年为基准，1978 年乡村总人口数为 79014 万人，第一产业就业人员数
为 28318 万人，总人口数为 96259 万人。那么，在 1978 年，总人口数
除以第一产业就业人口数的数值为 3.4。即从平均的角度说，第一产业
就业人员所生产的农产品可对应 3.4 个单位的消费者需求。这可以视
作，1978 年，农业生产技术水平条件下的农业劳动生产率。第二步，
假设农业生产活动维持 1978 年的农业生产率。伴随着总人口数的增加，

---

① 数据来自《中国统计年鉴》。

为满足总人口的消费需求，所必需的农业生产劳动者数量也会随之增长。但事实却并非如此，第一产业就业人员数在 1978 至 1991 年之间呈现平稳的上升趋势。而自 1991 年开始，第一产业就业人员数开始下降，在 1991 至 1996 年出现了第一产业就业人员数下降的现象。而后，自 1996 年至 2003 年，就业人员数出现略微的上升，但增长的幅度微小。此后，自 2003 年以来，第一产业就业人员的数量下降速度快，在 2003 年至 2017 年，基本呈现线性的下降趋势。相对下降的第一产业就业人员数与不断上升的总人口数呈现出明显的对比关系。第三步，将第一产业必要就业人口数与第一产业实际就业人口数之间的差值称作传统部门有效劳动供给数。可以看出，传统部门有效劳动供给数在 1978 年至 1990 年出现一个下降的趋势。而后在 1990 年至 2003 年出现一个小幅上升的趋势。而传统部门有效劳动供给的绝对值依然较低。自 2003 年以后，传统部门有效劳动供给的数量上升速度加快，从 1803 万人上升至 19940 万人。

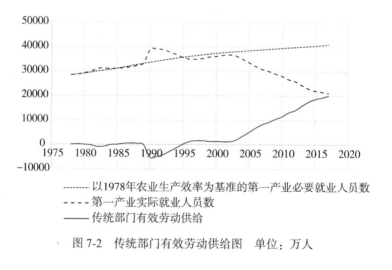

图 7-2　传统部门有效劳动供给图　单位：万人

传统部门有效劳动供给出现的原因何在？在经济体总人口数量不断上升的条件下，社会对农产品总的需求量出现一个递增的趋势。而传统部门必要的农业劳动力数量在减少，由此产生了传统部门的有效劳动供给。在农业技术进步的条件下，相对于 1978 年，传统部门劳动者的生产效率在提高，每位劳动者所生产的农产品数量也在提高。由此可见，传统部门劳动生产率的提高一直都是有效劳动供给出现的主要原因。正是源于农业生产活动中劳动者生产效率的提高，在农业生产活动必要劳动人口的数量不断减少的情况下，依然能够生产出满足消费者需求的农产品。需要说明的是，本书计算出来的传统部门有效劳动供给是一个粗略的数字，是以一些假设条件为前提的。如消费者对于农产品的需求偏好固定，农产品种类固定，农业生产不受天气等自然因素的影响。但这样的分析依然能够说明一个道理，即传统部门有效劳动供给的出现是源于农业劳动生产率的提高。可见，在农业生产效率提高的条件下，为满足经济体对农产品的必要需求，农业必要就业人口的数量会减少，一部分的农业生产者从农业生产活动中流出不会减小农业部门的产出数量，由此形成了城市化中传统部门有效劳动供给的部分。

2. 人力资本外部性与二元经济一体化的实证

城乡二元一体化是在农业生产活动效率提高与传统部门劳动供给增加的条件下形成的。现代部门人力资本存量的提高有助于农业新技术的开发。农业新技术外溢到传统部门，可提高传统部门的劳动生产率。在传统部门人力资本存量提高与农业生产活动现代化的条件下，农业劳动者互动、交流的效率提高，传统部门劳动生产率提升。为了说明现代部门与传统部门劳动生产率一致性与城乡二元经济一体化的影响因素，本部分选择来自《中国统计年鉴》《中国农村统计年鉴》《中国教育统计年鉴》中 2007—2010 年省、自治区、直辖市（不包括港澳台地区）的数据，通过多元回归模型考察城乡居民收入水平对比的影响因素。变量选取如下，因变量为传统部门与现代部门的一元化程度，用城乡居民收入水平的对比（urincome）来表示。在传统部门有效劳动供给增加的过程中，传统部门劳动者收入水平与现代部门间的差异逐步缩小。由此，传统部门有效劳动供给生成与城乡居民收入水平一致性之间存在正相关关系。用二元经济一体化程度作为传统部门有效劳动供给的替代变量具有一定的可行性。自变量为人力资本与传统产业比较劳动生产率。其中，经济单元人力资本存量的代理指标为大专以上人口数占比（H）。传统部门人力资本存量的代理指标为农村居民家庭劳动力文化程度为大专及以上的占比（Hrural）。中介变量为传统部门生产效率，其代理指标为第一产业比较劳动生产率（ration1）。控制变量包括粮食总产量/耕地面积（lgrain）、农用机械总动力/乡村就业人员数（ptpam）、耕地面积/乡村就业人员数（scale）、第一产业产值/第一产业就业人口数（gdpprural）。

　　计量结果表明，在控制粮食单产、农业生产机械化、耕地面积、农业生产效率等代理指标的情况下，回归中传统部门人力资本水平越高的经济单元，其第一产业比较劳动生产率越低。回归中传统部门人力资本水平越高的经济单元，城乡劳动者收入的差异越小。在进一步控制第一产业比较劳动生产率的情况下，回归中传统部门人力资本对城乡劳动者收入差异的影响系数依然显著为负，但系数的绝对值略微增大。这说明，一是，传统部门人力资本存量的提高有助于缩小传统、现代部门劳动者的收入差异。二是，农业劳动者人力资本存量的提高会减小第一产业的比较劳动生产率。三是，在一定程度上，存在传统部门人力资本存量的提高通过影响第一产业比较劳动生产率进而缩小传统部门与现代部门收入差距的路径。可见，传统部门劳动者在互动、交流的过程中，农业生产技术的使用效率确实在提高，传统部门生产效率与劳动者收入在增加。这条路径是可能存在的。从某种程度上说，这可以视作传统部门内部人力资本外部性作用发挥的表现。需要说明的是，第一产业比较劳动生产率是第一产业的产值占比除以第一产业的就业占比。第一产业比较劳动生产率的数值越低，说明第一产业一定的就业份额所创造的经济价值在经济单元整体经济价值中所占的比例越低。第一产业比较劳动生产率的减小，并不意味着第一产业经济价值的降低，而是意味着现代部门的经济价值创造能力更高，第一产业经济价值所占的份额较小。由此可见，传统部门劳动生产率的增加不是在现代部门式微的条件下出现的经济现象，而是在现代部门发展的条件下出现的经济现象。只有在现代部门不断发展，经济整体的效率提高的条件下，传统部门的生产效率才能够获得更大的发展，城乡二元一体化的程度将会增加。与此同时，传统部门劳动者是具有理性的劳动者，这种理性在愈加现代化的经济单元内部表现的愈加明显。经济单元内部产业越现代化，传统部门劳动者的人力资本储量越高，农业劳动者可以从更加广阔的空间、更加多样的信息中，获取更加有效、有价值的信息，农业生产活动的现代化水平越高，农业生产效率也越高。可见，传统部门的劳动者应该成为整个生产体系的有机组成部分，是经济体传统部门生产效率提高的有利条件。如果传统部门的劳动者素质不断地提高，将可以增加传统部门的生产效率，从而减小农业部门必要的农业劳动者数量，将部分的劳动者从传统生产活动中释放出来，加入具有更高的经济价值的现代部门，这对于整个经济体来说是一种资源效率提高的途径。现代的教育体系需要将传统部门的劳动者考虑进来。传统部门劳动者是经济体劳动者中的重要组成部分。尤其是在现代科学技术发展的条件下，农业生产活动的效率具有较大的提高空间。这种效率的提高是经济体整体效率增加的组成部分。传统部门生产要素的开发与生产技术的升级是具有较大潜力的部分，是能够促进经济体整体发展的有效途径。实证结果表明，在控制粮食单产、农业生产机械化、耕地面积、农业生产效率等代理指标的情况下，回归中人力资本水平越高的经济单元，其第一产业比较劳动生产率越低。回归中人力资本水平越高的经济单元，其城乡收入差距越小。在进一步控制第一产业比较劳动生产率的情况下，回归中经济单元人力资本对城乡收入差异的影响系数依然显著为负，但系数的绝对值略微增大。这说明，一是，经济单元人力资本存量的提高，确实有助于缩小传统、现代部门劳动者收入水平的差异。二是，经济单元人力资本存量的提高会减小第一产业的比较劳动生产率。三是，在一定程度上说，存在经济单元人力资本存量的提高，通过提升第一产业比较劳动生产率，缩小传统与现代部门收入差异的路径。这其中的机制为，现代部门人力资本存量的提高意味着知识的创新、技术的进步、农业生产技术的开发。这些都会外溢到农业的生产过程并提高农业的生产效率。这亦可以视作人力资本外部性在传统部门生产活动中作用发挥的具体表现。

表 7-1　　　传统部门人力资本对二元经济一体化的回归分析

VARIABLES	(1)	(2)	(3)
	urincome	ration1	urincome
ration1			-0.723^{*}
			(0.411)
hrural	-0.0272^{***}	-0.0149^{***}	-0.0380^{***}
	(0.00711)	(0.00158)	(0.00934)
lgrain	-1.507^{***}	0.0893^{**}	-1.442^{***}
	(0.185)	(0.0410)	(0.187)
ptpam	-0.0838^{***}	-0.0214^{***}	-0.0992^{***}
	(0.0173)	(0.00384)	(0.0193)
scale	-0.0326^{***}	-0.00645^{***}	-0.0373^{***}
	(0.00979)	(0.00217)	(0.0101)
gdpprural	-0.427^{***}	0.0935^{***}	-0.359^{***}
	(0.0572)	(0.0127)	(0.0685)
constant	4.875^{***}	0.307^{***}	5.097^{***}
	(0.0998)	(0.0221)	(0.160)
observations	124	124	124
R-squared	0.786	0.550	0.792

注：$***p<0.01$，$**p<0.05$，$*p<0.1$。

表 7-2　　　经济单元人力资本对二元经济一体化的回归分析

VARIABLES	(4)	(5)	(6)
	Urincome	ration1	Urincome
ration1			−0.698*
			(0.381)
lgrain	−1.612***	0.0420	−1.583***
	(0.183)	(0.0437)	(0.182)
ptpam	−0.0714***	−0.0164***	−0.0828***
	(0.0173)	(0.00415)	(0.0183)
scale	−0.0280***	−0.00331	−0.0303***
	(0.00932)	(0.00223)	(0.00931)
gdpprural	−0.423***	0.0829***	−0.365***
	(0.0547)	(0.0131)	(0.0627)
H	−0.0234***	−0.0103***	−0.0306***
	(0.00528)	(0.00126)	(0.00654)
constant	4.906***	0.318***	5.128***
	(0.0986)	(0.0236)	(0.156)
observations	124	124	124
R-squared	0.794	0.496	0.800

注：***p<0.01，**p<0.05，* p<0.1。

城乡居民收入差异减小的真实含义是，在现代部门劳动者收入水平大于传统部门劳动者收入水平的情况下，传统部门的劳动生产率以更大的幅度增长，且其增长幅度大于现代部门劳动生产率的增长幅度。在这种情况下，传统部门逐步地、渐渐地缩小了与现代部门劳动生产率的差异，甚至实现传统、现代部门同质化。传统部门比较劳动生产率，是一个具有深刻内涵的概念。即传统部门每份额劳动力所创造的经济价值份额。这个指标提高，意味着传统部门内部劳动生产率较低甚至为零的剩余劳动力逐步转移出去，抑或是传统部门的产值在增加。无论哪一种，都意味着传统部门现代化程度的提高，传统部门成为经济单元的有机组成部分。经济单元产业结构越发达，经济单元内部的城乡劳动者收入差距越小。经济单元产业结构越不发达，城乡劳动者收入差距越大。这亦表明，在欠发达的经济单元内部，现代部门发展落后，传统部门发展更加落后，由此呈现出一种落后的循环陷阱。经济单元内部现代部门的不发达状态，难以改善传统部门更加不发达的状态。对于落后的经济单元内部的传统部门，其欠发达状态的改善，已经不能仅仅依靠经济单元内部的现代部门来反哺，而应依靠经济体整体的力量。如今，管理部门正在加大力气，以财政、税收等手段给予落后经济单元的传统部门最直接的支持，帮助落后经济单元的传统部门经济发展，并改善传统部门劳动者的收入水平。

可见，以现代部门的信息技术、生产工艺、产品创新，带动传统部门生产工艺更新、农业生产技术进步，促进农业生产活动投入产出效率提高，并与现代部门劳动生产率相接近，是城市化良性循环的具体表现。在人力资本储量越高的经济单元内部，现代与传统部门劳动生产率缩小的现象越明显。这说明，在经济发展的过程中，传统部门与现代部门的互动是效率提高的基础。传统部门与现代部门的发展从来都是相互作用的。一方面，传统部门的劳动要素挤出为现代部门发展提供必要的劳动要素来源。另一方面，现代部门的经济发展与产业发展为传统部门经济发展提供必要的资金、技术支持。农业，是国民经济中的基础行业，其发展既需要依靠劳动力的精耕细作，也需要依靠农业生产效率的提高。在此过程中，农业劳动力数量在减小，劳动力从农业向现代部门转移。可见，农业部门的生产活动需要产业化，农业部门的劳动者需要成为产业工人，农业部门需要成为高度发达产业体系中的有机组成部分。在农业生产活动效率提高、农业现代化的过程中，城乡二元经济结构转化的速度加快，城市化水平提高。

总的来说，传统部门劳动生产率的提高不仅是传统部门劳动者素质的函数，也是现代部门劳动者素质的函数。无论是现代部门的人力资本存量，还是传统部门人力资本存量，对农业生产工艺改进、技术进步、效率提高皆存在有效的作用。一方面，现代部门内部人力资本储量的增加、创新活动效率的提高，可促进农业生产技术的开发，将农业生产技术外溢到传统部门，并在农业生产活动中实现新技术的应用。另一方面，传统部门劳动者素质的提高有助于提高劳动者对农业生产要素的组合配置能力。人力资本水平的提高有助于推进城乡二元一体化。在人力资本外部性作用发挥的条件下，城市化水平的提高不再是依赖于传统部门资金、劳动、生产原料的补给。而是现代部门的创新活动成果、技术进步的效果、资金积累的成就、高效机械的制造补给传统部门的生产活动，传统部门实现快速飞跃的发展模式。显然，这是现代经济中城市化良性推进的表现。不是挤压传统部门的发展，而是将传统部门纳入整个经济体的现代化与城市化进程中来，将传统部门的劳动者纳入到整个经济体产业工人中来，一齐发展。这是城市化水平提高的有效途径。

7.5　传统部门劳动要素供给演变规律的再思考

劳动要素从传统部门向现代部门的流动起因于外部的拉力与内部的驱动力。外部的拉力主要来自现代部门创新活动活跃、生产工艺更新、产品形态创新所带来的生产效率快速提高。内驱力主要来自，在传统生产活动中劳动者生产技术的改进、机器设备的使用、农业工艺的更新，所带来的农业生产活动效率的提高。以效益优化为目标的劳动者会选择从传统部门向现代部门流动。正是在劳动者离开农业生产活动，投入现代化的生产活动中来的过程中，农业生产活动中每个劳动者所拥有的生产要素增加，农业劳动者的生产技术提高，运用新技术投入到农业生产活动中来的能力更高，从而提高了农业生产活动的效率，且其速度可能不会慢于现代生产活动效率增长的整体速度。在这个过程中，农业生产活动的投入产出效率可能与现代生产活动的投入产出效率降低。不同部门间的投入产出率、效率实现同质化的过程，也是所谓的二元经济一体化的过程。其一，传统部门劳动要素从无限供给到有限供给。在经济发展的初级阶段，以农业文明作为经济发展的起源，人们从事着自给自足的农耕生活。而在某一时间，分散的劳动者的活动产生了联系，在交换物品的过程中获得了效益。于是，生活中出现了以交易为主要内容的场所，这可以视作现代部门的雏形。伴随着交易活动的增多，现代部门的生产活动范围扩大、生产内容增加、分工水平提高，但源于技术进步的缓慢、生产要素的缺乏、劳动者主观能动性发挥的有限，现代部门生产活动的规模较小，增长速度有限。相对于农业生产活动中依然存在的较大劳动力规模，现代部门生产活动劳动力的数量是极少的。在这时，出现了刘易斯所说的，传统部门存在无限供给劳动力，为现代部门生产活动提供充足的劳动供给的现象。并且这部分劳动供给对于收入的要求较低，在现代部门中从事生产活动，可以降低现代部门市场主体的生产成本，为现代部门的资本积累提供重要的源泉。传统部门劳动要素的边际生产率极低，以至于传统部门中减少一个劳动要素不会带来传统部门产量的下降。这是传统部门劳动要素无限供给的阶段。无限供给的概念显然是有时间范畴的。这种无限供给，既是建立在传统部门劳动力转出的速度小于传统部门必要劳动力需求减小的速度的基础上，亦是建立在现代部门劳动力需求增加的速度小于传统部门劳动力供给增加的速度的基础之上。传统部门劳动者的生产活动效率较低，农业生产劳动者从农业生产活动中释放出来，并走向现代生产活动，现代部门对劳动要素需求增加的速度快于传统部门劳动要素供给增加的速度，农业生产活动中劳动要素挤出的速度大于传统部门必要劳动要素减小的速度，这种无限供给的劳动要素也会呈现出逐渐减小的趋势。这是刘易斯转折点到来的概念(蔡昉，2008)。由此开启了传统部门劳动要素从无限供给到有限供给的篇章。其二，传统部门劳动要素供给潜力影响因素的演变。传统部门劳动要素供给的潜力取决于传统部门的劳动生产率。而传统部门劳动生产率取决于劳动者主观能动性的发挥与劳动者所能够运用和使用的技术条件。一是，传统部门劳动生产率取决于劳动者主观能动性的发挥程度。一系列制度相关设计可以激发传统部门劳动者生产活动的主观能动性与积极性。传统部门内部劳动者的收入应该是具有差异的。劳动者产生不同的生产效率，应该获得不同的收入水平。劳动者所创造的经济价值应该体现在劳动者的个人收入中（蔡昉，2017）。这样的制度设计可以减小隐蔽性失业，使得劳动要素的生产潜能得到极大化地发挥。这是传统部门劳动要素供给潜力释放的第一步。二是，传统部门劳动生产率取决于农业生产活动的技术条件。相对于现代部门来说，传统部门生产函数的明显标志是，生产函数中土地要素的重要性凸显，土地的生产效力、土地肥沃程度、种植技术与相关一系列投入对于农业产出意义较大（舒尔茨，2006）。于是，农业技术是农业生产活动效率的提高，传统部门劳动要素供给潜力增加的重要影响因素。这是传统部门劳动要素供给潜力释放的第二步。三是，传统部门劳动生产率取决于劳动者的产品选择与应对市场的能力。农业产品从单一的粮食作物向涵盖了粮食、经济作物等多种组合形式转变。农产品市场从卖方市场向买方市场转变。农产品价格亦向由市场供求决定的价格方向转变。农产品的国际贸易也在进行中。这些条件决定了农业劳动者的收入水平具有一定的市场化特征。不同的生产方式、不同的生产种类，面对不同的需求市场，面对不同的外部市场选择，传统部门劳动者的收入水平也存在不同（牛若峰，2002）。传统部门劳动者在面对外部需求不断变化的市场环境时，在可利用资源有限的条件下，在一定的农业技术供给的条件下，农业劳动者的收入水平受其自身的应对市场变化能力、对有限资源的优化组合与选择能力的影响较大。其三，传统部门劳动生产率不断上升的原因。传统部门劳动生产率取决于农业生产要素的组合形式、农业生产要素的效率与农产品的市场化程度（高帆，2015）。不可否认，传统部门的生产要素极其广泛，从土地、气候、自然资源，到劳动、器械、肥料等要素。传统部门劳动者以有限的资源为基础，不断地优化组合，生产出农产品。从自给自足的农耕文明，到小规模、工艺简单、机器设备使用有限的农业生产阶段，再到大规模、机械化、技术化的农业生产阶段，农业生产活动效率提高的原因亦不同。农业生产效率的提高经历了从农产品生产率的提高到农产品市场价值的提高的转变。在这种转变的过程中，传统部门劳动者使用自然资源、机器设备进行组合配置的能力，选择生产种类、寻找销售渠道，探寻消费市场的能力，决定了劳动者生产效率的高低。可见，在现代农业生产的过程中，引起劳动者生产效率提高的根本原因在于，劳动者自身的素质及其所具有的资源优化组合能力。

7.6　小结

供给视角下城市化的动力机制在于传统部门劳动生产率的提高与有效劳动供给的形成。经济单元人力资本存量在提高传统部门生产效率与缩小城乡劳动者收入差距中起到重要的作用。在人力资本外部性作用发挥的条件下，农业劳动生产率提高，传统部门劳动要素供给增加，城市化进程推进。可以得到启示：其一，人力资本外部性作用的发挥，是传统部门劳动要素生产率提高的原因，是传统部门不断生成有效劳动供给的动力，是农业部门生产活动的均衡状态向一种更高效率的均衡状态转变的启动因子。人力资本外部性作用的发挥，既需要现代部门农业技术的研发，也需要具有一定知识储量的农业生产者在实践中运用农业技术与机器设备。可见，无论是现代部门，还是传统部门，人力资本储量的提高都是人力资本外部性作用发挥的前提条件，是传统部门劳动要素供给增加的关键因素。其二，在人力资本储量提高的条件下，农业部门劳动生产率不断提高，农业成为现代经济系统的有机组成部分。传统部门人力资本水平的提高需要依靠财政资金对农业技术教育的投入，为农业发展培养专业型人才。职业教育是培养农业劳动者的有效方式。这是舒尔茨所强调的农业会成为一个有效率的生产部门的前提基础。管理部门亦应该科学、细致的规划农业生产活动，不断地调整农业生产方式，提高农业生产活动的技术含量，增加农业生产过程中机器设备的使用、提高农业生产过程的规模化经营，为农业生产活动的全面改善提供必要的支持，让农业的生产效率以更快的速度提高。其三，在人力资本外部性作用发挥的条件下，经济生活中出现了一种力量。这种力量可提高传统部门的劳动供给数量，推动发展中经济体城乡二元走向同质化。人力资本外部性的经济效果，创新、知识与技术是具有外部性的，可以广泛应用于农业生产的各领域。为此，农业生产活动需要不断地拓宽技术传播的渠道，加强技术的有效应用。农业生产效率的提高，农业生产要素的合理利用，农业技术的升级是农业整体效率提高的有效方式。农产品消费在现代生活中所占的比重在下降，但农产品的消费数量是不会下降的。消费者对于任何其他产品的需求是在农产品需求得到满足以后才能进行。保障农业生产效率的提升与供给质量的提高是现代经济生活中的不可或缺。农业部门生产效率的提高是经济整体效率提高的一个重要构成部分。其四，城乡二元结构的转化需要不断释放劳动者的主观能动性与生产潜力。一是，重视农业职业教育，加大农业人才的培养力度。既需要注重农业科研人员的培养，也需要注重农业实践工作者的培养。完善农业专业的高等教育是农业科研人员培养的有效途径。在农业技术快速进步与信息化发展的时代，通过媒体、杂志、广播等多种渠道传播农业知识与高效种植方法，是农业技术普及化的途径。二是，农业基础设施的建设，农村公共产品的供给，是农业生产效率提高的必要保证。公共品既包括有形的农田水利、乡村道路、电网覆盖等基础设施供给，也包括农村社区治理、农业生产知识、农业技术服务等无形的制度供给。三是，农业生产要素产品价格市场化是激活农业劳动者生产积极性与创造性的动力源。农产品的价格需要由市场供给与需求共同决定。这是激发劳动者生产动力与农业走向现代化的有效途径。总而言之，在人力资本外部性作用发挥的条件下，传统部门劳动供给增加，城市化中二元结构一体化程度提高。这是良性城市化推进的标志。

第8章 人力资本外部性视角下城市化与工业化互动

8.1 引言

经济体向发达阶段演进的过程，是工业化的过程。工业化体现为劳动要素生产率的提高与资源配置效率的改善。城市化是经济体工业化过程中出现的一个现象。城市化体现为劳动要素集聚与现代部门有效劳动需求增加。但不同的经济体在工业化发展进程中，城市化的表现形式具有差异。这种差异化的表现形式是经济规律、制度、环境、文化等因素一齐起作用的结果。不同表现形式的城市化对经济体工业化存在或促进或阻碍的作用。城市化与工业化的协调互动是指，在经济体工业化过程中，城市化能够促进以产业体系升级、产业效率提高为表现的工业化发展，更好地满足经济体对于产品的消费需求。如果说工业化与城市化的协调互动是经济体良性发展的标志，那么，如何实现经济体工业化过程中城市化的有序推进，如何实现经济体城市化中工业化的不断发展，是一个现实问题。

经济体工业化与城市化的协调互动问题可以转化为，在工业化发展与要素生产效率增加的过程中，如何促进劳动要素的不断集聚？在城市化发展与劳动要素集聚的过程中，如何促进效率增加并推进工业化？人力资本外部性理论为认识工业化与城市化协调互动的内容提供了新的视角。一方面，城市化中劳动要素集聚，在促进人力资本外部性作用发挥的条件下，可以推进工业化的进程。而劳动要素集聚产生人力资本外部性的转换机制在于，高素质劳动者的有序集聚，产业现代化(现代服务业、专业化制造业)的发展。另一方面，工业化中生产效率提高，在促进人力资本外部性作用发挥的条件下，可以推进城市化进程。而经济效率产生人力资本外部性的转换机制在于，经济活动效果的微观化。即经济增长是建立在微观劳动生产率提高的基础上的，而不是依靠于物质的大量投入。在如此这般的情况下，工业化与城市化才能在更高的水平上实现互动协调，进而促进经济体产出的增加。可见，人力资本外部性是连接集聚与效率的桥梁。在人力资本外部性作用发挥的条件下，集聚与效率之间建立起了内在的联系，工业化与城市化得以协调发展。可以说，工业化的顺利推进需要以劳动要素集聚作为支撑。工业化亦为城市化中劳动要素集聚提供物质基础与现实条件。让经济生活中劳动要素集聚成为一种有效率的资源配置模式。这是经济体在更高发展水平上实现良性循环的必备条件。

8.2　人力资本外部性视角下工业化与城市化互动理论

工业化与城市化是经济体发展中不同侧面的表现。工业化是指物质生产能力的提高。城市化是指现代部门劳动力分布比例的增加。工业化与城市化的协调是指，经济体物质生产能力与现代部门劳动要素分布比例之间的相互关系，并在此条件下实现微观劳动生产率与宏观效率的优化。

1. 工业化与城市化的互动关系

工业化与城市化的关系有多种，协调是其中的一种。工业化与城市化的关系存在以下几种情况，一是工业化滞后于城市化，二是工业化超前于城市化，三是工业化与城市化协调发展。工业化滞后于城市化的表现在于，现代部门劳动要素数量增多不是以产业发展与劳动要素需求增多为前提的。现代部门劳动要素数量的增多没有产生规模效益，亦没有促进产业体系升级、产业效率提升。工业化超前于城市化的表现在于，现代部门产业发展以资金、物质等要素为基础，对劳动要素的吸纳力较弱。工业化与城市化协调发展的表现在于，城市化中劳动要素集聚能够促进规模收益递增、产业结构优化与经济效率提高；工业化中产业规模扩大与经济价值提升能够促进现代部门有效劳动要素的需求增多。可见，工业化与城市化的协调，是需要一些前提条件的。在工业化中实现城市化的条件包括，一是工业化的要素需求。如果工业化以劳动要素的需求为主要内容，那么工业化中能够实现城市化。二是工业化的经济效益。如果工业化能够提高微观劳动生产率，那么，工业化能够促进城市化。三是工业化的可持续发展。如果工业化具有比较优势，规模扩大可能性较大，那么，工业化可以促进城市化。城市化中实现工业化的条件包括，一是城市化的经济效益。如果城市化是以现代部门劳动要素需求增加为前提的，那么，城市化可以促进工业化。二是城市化的产业发展。如果城市化是以产业规模扩大为前提的，那么，城市化可以促进工业化。三是城市化的创新效应。如果城市化形成创新效应，那么，城市化将有助于推进工业化。可见，工业化与城市化的协调互动需要一些连接机制。

2. 工业化与城市化的协调互动机制

在工业化经济效果能够微观化的条件下，在工业化进程中形成一种具有劳动要素容纳力的产业结构的条件下，在城市化进程中形成一种具有效率的劳动要素集聚模式的条件下，工业化与城市化形成相辅相成、相互促进的关系。其一，工业化与城市化协调互动的基本点在于，工业化与城市化经济效果的微观化。劳动者人力资本禀赋所具有的潜在经济价值，与其实际生产效率之间的关系是不同的。一是，劳动者人力资本禀赋无法充分发挥，劳动者的产出效率低于人力资本禀赋所具有的潜在生产效率。二是，劳动者的产出效率与人力资本禀赋所具有的潜在生产效率相一致。三是，劳动者的主观能动性得到极大化的发挥，产出效率高于人力资本禀赋所具有的潜在生产效率。如果一个城市的工业化进程达到第三种情况，即城市内部产业、分工促进了劳动者的收入溢价形成，那么，城市将吸引外部劳动要素流入，城市规模将扩大。微观视角下，城市化与工业化协调互动的主要内容为，一方面，城市化，促进了劳动者潜能的开发、创新能力的涌现，实现了工业化水平的提高。另一方面，工业化，提高生产活动的效率、优化产业体系、提升产业效率，促进城市化发展。其二，工业化与城市化互动机制的关键在于，一种有助于人力资本外部性作用发挥的产业结构。人力资本外部性作用发挥的条件包括，劳动要素在产业生产过程中的投入比例，劳动者主观能动性发挥程度在产品形成中的作用，产品形态更新速度与对信息、知识的依赖程度。城市内部产业构成不同，人力资本外部性作用发挥的条件将出现差异。由此，城市产业与人力资本外部性作用建立起了联系。一是，人力资本外部性作用发挥程度微弱的城市。若城市内部生产活动的投入要素以物质为主，劳动为辅；城市产业以满足消费者日常需求的传统工业为主，以机器化作业为主要的生产方式，产品形式单一。劳动者之间交流贫乏，没有激励促使劳动者发挥主观能动性，工业化进程缓慢。二是，人力资本外部性作用发挥较大的城市。城市产业以制造业为主，产业链条长、产业体系完整、产业规模大，能满足消费者更高层次的需求。生产活动的投入要素以劳动为主，对技术的要求较高，劳动者在分工中协作完成生产过程。三是，人力资本外部性作用极大化发挥的城市。城市产业以差异化的服务业为主，不断地拓宽消费者的需求层次。现代服务业的生产要素以劳动为主，对于物质的要求较小。劳动要素集中分布并产生的知识外溢与创新，是现代服务业发展的源泉。可见，人力资本外部性作用发挥与工业化进程中产业结构走向高度化相关联。在城市内部人力资本外部性作用发挥的条件下,城市化得以发展。其三,工业化与城市化的互动协调机制在于,一种有助于效率提高的劳动要素分布模式。在经济体工业化进程中,劳动要素集聚效应明显,形成了城市规模梯度分布的格局。而城市化中劳动要素集聚产生了知识外溢与创新,促进了工业化进程。城市化,是劳动力在传统部门与现代部门间的配置,是劳动要素在现代部门内部的集聚。工业化,是产出的增加,是产出的效率。工业化既指资源、要素向工业与服务业部门的转移,也指工业与服务业部门效率的提高与产出的增加。一种有助于产业专业化、生产体系优化、效率提升、工业化推进的城市化模式是具有效率的城市化模式。一种有助于现代部门有效劳动需求增多、现代部门生产效率提高、城市化推进的工业化模式是具有效率的工业化模式。城市化与工业化的协调取决于,劳动要素集聚与效率的内在联系。如果集聚与效率是正向相关的,那么,城市化与工业化是协调互动的。如果集聚与效率不是正向相关的,甚至是负相关的,那么,城市化与工业化不是协调互动的。城市化与工业化协调互动的本质在于,城市化中劳动要素的集聚是一种具有效率的劳动要素分布模式。

依托于人力资本外部性理论,工业化与城市化协调发展的内涵包括以下几个方面。一是,工业化与城市化协调发展的原因在于,分散分布的劳动要素所产生的经济效益小于集中分布的劳动要素所产生的经济效益。在城市化中,在劳动要素的集中分布中,实现人力资本外部性作用的发挥。在工业化中,在分工中,实现人力资本外部性作用的发挥。在工业化与城市化的协调互动中,实现供给的增加。二是,工业化与城市化协调的着眼点在于,在劳动要素数量一定的条件下,如何组合实现效益的优化,推进工业化进程。也就是说,通过何种速度、何种规模的城市化促进工业化的发展。三是,劳动者人力资本禀赋的经济价值与其所处的环境相关。处于城市化进程中的劳动者,其所处的经济环境决定了人力资本禀赋的发挥程度。四是,工业化与城市化协调发展的本质在于，经济体中劳动者以何种结构分布组合，可实现劳动者效益的提高，经济体产出的增加。五是，工业化与城市化的协调关系不是一成不变的，是处于运动中的。在发展的初始阶段，工业化快于城市化；在发展的中期阶段，工业化与城市化出现一致的现象；在发展的高级阶段，工业化慢于城市化。高度发达阶段的经济体，其城市化进程将达到一个饱和期。伴随着时间的推移，城市化水平不会提高，提高的是城市的人口规模。而城市化进一步发展的经济效益取决于，劳动要素集聚所产生的规模效益与创新。可见，工业化是指劳动者物质生产的成就，具有不断增加的特性。城市化，是在工业化进程中形成的，是产业专业化、产业体系升级、产业效率提升、工业化进一步发展的途径。六是，根据某一经济单元所处的发展阶段来判断产业体系升级与现代部门劳动要素规模的关系，进而形成对工业化与城市化动态关系的认识。以城市在经济体中所处的位置，即横向比较、纵向比较为依据来判断，城市化的发展潜力与方向。七是，在不同的城市分工中，在不同的工业化发展阶段上，城市化与工业化的联系是不同的。尤其是在极少数的大城市，其工业化与城市化的关系是一种高度发达阶段上的状态。八是，城市化中不同经济单元劳动要素集聚的潜力是不同的。经济单元的发展并不完全是以效益最优为发展目标，而是以比较优势为发展目标。经济单元内部劳动要素集聚所产生的效益，主要是经济单元比较优势的发展。若经济单元以现代服务业为比较优势，那么，劳动要素集聚潜力较大。若经济单元以专业化的制造业为比较优势，那么，劳动要素集聚的潜力较小。经济单元能否保持比较优势、能否向服务业转化是工业化与城市化在更高的发展水平上相互协调的关键。如果说工业化的发展以物质、技术、劳动等要素为基础。那么在工业化发展的初始阶段，物质为主，劳动为辅，技术的要求较低。如果城市内部的产业以具有比较优势的制造业为内容，或者源于技术的改良、新的竞争产品出现，或者源于劳动力成本比较优势不再，或者源于消费市场的饱和等，其规模扩大可能性不大。工业化发展的动力在于，形成比较优势、消费市场，产业规模扩大具有可能性，相应的劳动要素需求也会扩大。工业化进一步发展的动力在于，现代服务业发展。现代服务业产品能够从供给角度拓宽消费市场，规模不断扩大，对于劳动要素的需求亦增大。在这里，一个经济单元的工业发展是否能够形成比较优势的关键在于技术条件的改善。一个经济单元能否转向现代服务业发展的关键在于高素质劳动者的聚集。可见，工业化进程中，城市化水平的推进，关键在于技术支持与高素质劳动者集聚。从某种程度上说，以现代部门有效劳动需求增多为表现的城市化，是生产要素流动范围扩大、产业体系升级、产业效率提高的产物，是工业化的效果。而以劳动要素集聚为表现形式的城市化进一步的促进了产业体系升级、产业效率提高、生产要素的大规模流动，进而促进了工业化的发展。以上是基于人力资本外部性理论的内容，对工业化与城市化协调互动关系的再认识。

8.3　工业化进程中城市化发展的规律

城市化水平的差异是城市内部劳动者专业、职业、知识结构的差异。城市化水平的差异是城市内部创新活动频率、市场主体规模、市场主体生命周期、创新活动转化效率的差异。城市化水平的差异是城市内部产业结构、规模的差异。城市化水平的差异是城市内部需求能力、水平、结构的差异。工业化发展的阶段性决定了城市化水平及其增长潜力。

其一，城市化是劳动要素集聚并形成规模收益递增以推进工业化进程的需要。城市，作为劳动者相互联系紧密的生产活动空间，其规模大小与生产活动的规模收益递增属性相关联。劳动要素集聚若能产生一定的经济效益，劳动要素将会出现集聚的现象。现代部门有效劳动需求增加若能提高经济效益，现代部门劳动要素规模将会扩大。从本质上说，城市化中劳动要素集聚与现代部门有效劳动需求增加，是劳动要素规模收益递增的表现。城市劳动要素规模扩大如果不能促进经济整体效益增加，那么，城市化将不可持续。不仅会引起城市基础设施、公共服务供给的不足，而且会导致城市创新能力与动力的不足。可见，城市化中劳动要素集聚具有规模效益，是一种可持续的劳动要素集聚过程。伴随着经济的发展与信息供给的充裕，劳动要素的流动更加理性。具有规模收益递增属性的城市对外部劳动要素的吸引力更大，城市规模更大。

其二，工业化不同发展阶段上城市化水平的差异。在工业化发展的初始阶段，现代部门生产规模的扩大会形成对劳动要素的吸纳力。在这种以物质积累为主的工业化进程中，现代部门对劳动要素的容纳力是有限的。在工业化发展达到相对成熟的阶段以后，现代部门城市化推进将存在不同的方向。一是传统产业的发展。城市经济对于劳动要素的吸纳力会减少。二是专业化产业并形成比较优势。城市经济对于劳动要素的吸纳力将会增加。三是现代服务业发展。城市经济对于劳动要素的吸纳力将会扩大。可见，工业化进程中，城市化水平能否继续提高的关键在于，城市部门产业的走向。

工业化，作为一个动态的概念，在不同的空间范围内、在不同的发展阶段上存在不同。工业化从来不仅指工业的发展过程，而是指经济活动走向现代化的过程。其中，经济单元制造业发展的充分，还是服务业发展的充分，与城市化水平相关联。城市化水平取决于劳动要素是否存在规模收益递增属性。在不同的工业化发展阶段上，经济单元劳动要素集聚的规模收益递增属性不同。以制造业为主的城市，在初始阶段经历了一个劳动要素规模增加的时期后，会出现一个瓶颈期。劳动要素需求规模是否会下降，取决于城市内部制造业的比较优势是否存在。城市制造业保持比较优势，或向现代服务业转型，是劳动要素规模增长的动力源。服务业是工业化发展的延续，是工业化进程的有机组成部分。服务业是生产结构优化、生产方式改善与生产效率提高的途径。以知识生产与技术研发为主要内容的服务业为工业化发展提供技术支持。服务业发展可提高劳动者的收入水平并增加劳动者的参与率，为工业化发展提供需求市场。现代服务业只有在劳动要素集中的条件下才能够获得发展。以现代服务业为主的城市，是高水平工业化发展阶段上的城市，其对劳动要素的需求是增加的。可见，工业化的不同阶段意味着，制造业与服务业发展程度的不同，由此引起劳动要素需求数量的不同。处于工业化初级阶段的城市，发展服务业对于城市规模扩大的推动力有限。以基础工业为主要内容的城市，其服务业发展主要限于经济附加价值相对有限的生活服务业。服务业的规模经济效益微弱，产业规模难以形成，对外部劳动要素的吸纳力有限。处于工业化成熟阶段的城市，经济总量处于较高水平，现代部门产值占比较大。源于工业发展的技术依赖程度高，周期长，工业产品的进一步发展往往缓慢。工业在经济总量中比重的提高，城市难以形成对人口的吸引力，城市规模增长有限。伴随工业在经济总量中比重的下降，服务业在经济总量中比重的上升，城市规模将会扩大。可见，在城市发展的初级阶段，建立必要的工业体系是城市规模得以增长的必备条件。在城市发展的成熟阶段，依托已有的城市工业体系发展现代服务业是城市规模扩大的有效途径。在工业化进程中，从工业基础弱到以比较优势发展部分工业，到形成完整的工业体系，再到发展现代服务业，城市规模会逐渐扩大。任何城市人口规模扩大的过程几乎都经历了这样的工业化历程。

其三，分工中的城市规模。城市，作为经济体中的一个经济单元。城市产业，作为经济体产业体系中的一个部分。城市的发展与城市产业的发展皆为整体发展过程中的一个部分。城市发展不仅取决于自身的工业化阶段，也取决于其在分工中的位置。城市分工中的重要部分是中心城市与周围城市之间的分工。中心城市与周围城市之间形成分工密切的网络是现代经济生活的重要内容。在传统分工的条件下，中心城市以工业为主导，带动周围城市的经济发展，周围城市的经济结构是相对初级的制造业，比较优势不明显。中心城市规模增加的潜力有限，周围城市规模增加的潜力较小。在现代分工的条件下，中心城市以现代服务业为主导，带动周围城市的经济发展，周围城市是专业化的制造业，比较优势明显。中心城市的规模增加潜力较大，周围城市规模增加的潜力亦较大。城市的人口规模在工业化发展进程中会逐渐呈现出集聚的趋势。处于区域集聚中心的城市，其人口规模增长速度最快，而区域中其他城市的人口规模增长速度相对缓慢，由此形成了一种类似于梯度分布的格局。从某种程度上说，这种差异化的城市分布格局是经济体城市化水平整体提高的前提。正是空间范围内部城市化差异的存在，各城市的比较优势与规模经济得以形成并发展。城市规模梯度分布格局，是经济体城市化中出现的现象，是工业化推进的内生需要。

8.4 城市化与工业化关系的实证分析

经济体内部，各城市的发展与产业结构存在自身的特点。这种特点取决于自身的发展程度，取决于其在经济体城市分工中所处的位置。对不同城市的产业结构的相同点与不同点进行分析，对经济体城市化中各经济单元产业结构演变的规律特征进行分析，有助于更好的把握城市化与工业化协调互动的内容。

1. 工业化与城市化互动的具体表现

工业化的具体表现在于产业结构。城市化的具体表现在于城市规模。由此，工业化与城市化的互动可具体化为，城市产业结构与城市规模的关系。对于不同规模的城市而言，城市的产业结构既具有相同点，也具有不同点。城市规模与产业结构之间亦存在内在的联系。其一，不同城市产业结构的共同特征。一是，城市产业结构与就业结构具有一致性。二是，城市规模与城市产业结构优化程度具有一致性。三是，城市内部存在相当比例的基础服务业就业。四是，制造业在大多数城市内部是主要部门。五是，服务业就业大于制造业的城市数目较多，服务业产值大于制造业的城市数目较少。这说明,对于大多数的城市来说,服务业是吸纳就业的部门,但不完全是创造经济价值的部门。其二,不同城市产业结构的不同特征。一是,城市产业结构与就业结构具有一定的差异,但程度存在不同。二是,伴随着产业结构的优化,城市规模呈现较大幅度的增长。三是,少数城市内部现代服务业的发展主要体现在现代服务业的产值,而不一定体现在现代服务业的就业上。四是,城市制造业会依据资源禀赋的不同,而具有不同类型。一部分是以采掘、煤气及水生产供应业、建筑业为主;另一部分则是以制造业为主。五是,城市内部现代服务业发展的差异较大。可以说,现代服务业的发展是大规模城市发展的主要动力。制造业的发展难以形成大规模的劳动要素集聚态势,其经济效果主要体现在产品质量与经济价值上。其三,不同经济发展阶段上城市产业结构的演变趋势。一是,劳动力从传统部门向现代部门流动,城市化水平提高。二是,城市规模与城市内部产业发展潜力相关联。三是,以现代服务业为主要内容的城市,数量会增加,规模会增大,劳动要素的流动速度会增快。由此可见,处于不同经济发展阶段上的城市,处于不同分工状态下的城市,其产业结构及其演变具有自身的特点。

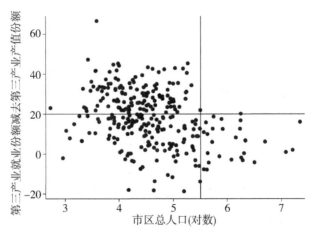

图 8-1 市区总人口(对数)与第三产业就业份额减产值份额散点图

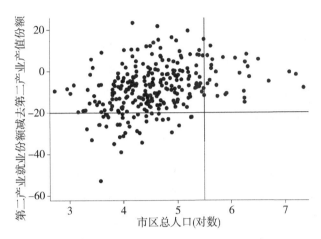

图8-2 市区总人口数(对数)与第二产业就业份额减产值份额散点图

　　理论上说,在资源配置市场化的条件下,在产业就业份额与产值份额相等的条件下,劳动力的生产效率得到最大化的发挥。现代部门中,服务业的产值份额大于就业份额,说明城市内部服务业经济价值创造能力更强,生产效率更高。在劳动力自由流动的条件下,劳动者会选择向城市内部服务业流动。当城市内部服务业的产值份额小于就业份额时,说明城市内部服务业经济价值创造能力较弱,生产效率较低。服务业,作为一种基本生活服务产品的供给,对于外来劳动力的吸纳潜力较小,城市规模扩大的可能性较小。当城市内部工业的产值份额大于就业份额时,说明城市内部工业的经济价值创造能力强,生产效率高。在劳动力自由流动的条件下,劳动者亦会选择到城市内部工业就业。当城市工业产业份额小于就业份额时,说明城市内部工业的经济价值创造能力弱,则不具有对于劳动力的吸引力。服务业产值份额大于就业份额的城市数量较小,而服务业产值份额小于就业份额的城市数量较大。工业产值份额大于就业份额的城市数量较大,而工业产值份额小于就业份额的城市数量较小。这说明,总体看,工业依然在经济体中有着重要的位置,是经济价值创造的部门。尤其是在经济发展水平存在提高空间,劳动者的消费需求具有增加可能性的条件下，制造业发展是经济价值创造的重要内容。

伴随着城市规模(市区人口数)的增加，服务业就业份额减去产值份额出现下降的趋势。对于人口相对较大的城市而言，服务业就业份额小于产值份额。这印证了，在少数大城市内部，服务业经济价值大的现象。伴随着城市规模(市区人口数)的增加，工业就业份额减去产值份额出现上升的趋势。对于人口规模相对较大的城市而言，工业就业份额大于产值份额。这说明，在这些城市内部，工业所创造的产值在经济体整体产值中所占的比例下降了。这种下降不是源于工业生产效率的降低或者竞争力的下降，而是由于现代服务业的经济价值创造能力挤占了工业在经济体中的比例。工业产值份额大于就业份额的城市，其规模不一定很大。这亦印证了，制造业城市内部，人口规模增长有限，适合小规模、专业化生产的城市模式。

在市场化的条件下，劳动力向着生产效率更高的部门流动，大规模城市的现代服务业将会吸引更多的劳动力到来。以现代服务业为主要内容的城市，其规模扩大具有累积循环递增的性质。工业化中现代服务业的发展是城市化发展的动力源泉。还可以发现，无论对于服务业来说，还是对于工业来说，就业份额与产值份额相近的城市，其人口规模相对较大。这说明在人口规模较大的城市内部，劳动力在产业间的分布更加符合市场化的要求，劳动力在具有更高效率的产业部门分布。而在人口规模较小的城市内部，劳动力在产业间的分布市场化程度较低，劳动力的分布不符合资源配置效率最大化的原则。城市规模越大，劳动力配置越优化，生产效率越高。可见，工业化与城市化协调互动意味着，劳动要素集聚与资源配置效率并存。

理论上说，具有较高生产效率的城市内部，其第二产业就业份额与产值份额越接近，第三产业就业份额与产值份额也越接近。如果我们将不同城市的人均地区生产值从低到高的变化，看作是一个经济单元工业化中不同阶段的话。在经济单元发展水平较低的阶段，第二产业就业份

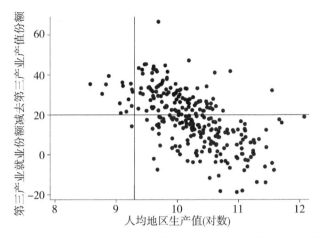

图 8-3　人均地区生产值(对数)与第三产业就业份额减产值份额散点图

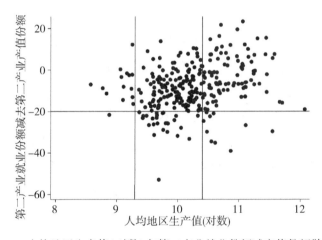

图 8-4　人均地区生产值(对数)与第二产业就业份额减产值份额散点图

额小于产值份额，第三产业就业份额大于产值份额。即是说，经济单元内部的产值创造主要依赖于工业，但是工业发展主要依赖于资本、资金、技术等条件，对于劳动力的需求有限。经济单元内部就业主要依赖于服务业。但是这种服务业对于就业的吸纳能力是有限的，仅仅是为了满足城市居民基本的消费需求。在经济单元发展水平较高的阶段，第二产业就业份额大于产值份额，第三产业就业份额小于产值份额。也就是说，经济单元内部的产值创造主要依赖于服务业，制造业在经济单元内部所占的比重下降。相比于制造业的就业份额下降，制造业的产值份额下降的速度更快。消费者需求不断上升衍生的特性，服务产品多样化的特征，决定了现代服务业发展的可能。这也是为何，以服务业为主要内容的城市，经济发展速度较高。而以工业为主要内容的城市，经济发展速度较低。可见，需要顺应不同发展阶段上城市产业构成变化的规律，促进劳动力的合理流动，实现服务业与工业的发展。

现阶段上，城市化与工业化的关系，是经济规律起作用的结果。市场化水平越高的城市内部，生产效率越高，人口规模越大。在市场化与工业化的进程中，城市化将会进一步推进。在以现代服务业为主要内容的城市内部，知识外溢作用会更大，可吸纳外部劳动要素流入而扩大城市规模。在以制造业为主要内容的城市内部，部门间劳动要素配置优化的潜力较大，比较优势形成是城市规模扩大的动力所在。若不同城市之间的规模没有形成合理化的差异分布，则经济体产业结构优化所依赖的劳动要素分布条件将不具备。这将减小经济体产业竞争力，也不利于对劳动要素资源的充分利用。城市规模的梯度分布格局是产业结构优化的需要，也是充分利用现有劳动力资源的需要。可见，城市化中城市规模梯度分布格局，既是在经济体内部劳动者素质提高、产业现代化的过程中出现的现象，也是经济体充分利用劳动力资源以增加产出的内生需要。

2. 工业化与城市化关系的分析

分析经济单元城市化与工业化代理指标之间的相关性，其他变量对城市化与工业化互动的影响，来探究人力资本外部性视角下工业化与城市化互动的内容。源于不同空间位置上、不同经济发展阶段上的经济单元，其经济特征存在差异。这为以经济单元为样本分析城市化与工业化互动规律提供了可能。使用2010年省、自治区、直辖市（不包括港澳台地区）的数据，运用多元回归分析的方法，对以工业产值为内容的工业化与以现代部门劳动要素份额为内容的城市化之间的相互影响机制进行验证。为了探寻工业化对城市化的影响,以市区人口占地区人口比重(url)为因变量,以工业生产值对数(lindus)为自变量,以第三产业比较劳动生产率(ration3)为中介变量,以实际利用外资额/地区生产总值(ecorelate)、市区人口密度对数(lpopden)、是否为东部地区(east)为控制变量,建立回归方程。同时,为了探寻城市化对工业化的影响,以工业生产值对数(lindus)为因变量,以市区人口占地区人口比重(url)为自变量,以地区人均生产值/职工平均工资(spillover)为中介变量,以市区人口密度(lpopden)、是否为东部地区(east)为控制变量,建立回归方程。

回归结果表明,一个地区的工业生产总值与市区人口占比存在显著地正相关性。这说明,工业化对城市化存在着影响。但是在回归中加入服务业比较劳动生产率与对外经济联系的变量后,一个地区工业生产总值对市区人口占比的影响系数依然显著为正,但系数的绝对值变小。而对外经济联系变量可以反映一个地区的比较优势、规模经济与分工专业化的程度。这意味着,在经济单元的现代服务业发展程度、分工专业化程度相同的条件下,工业生产值对于城市化的作用减小了。这说明,引起一个地区城市化水平提高的因素亦包括这个地区的现代服务业发展程度与分工专业化程度。根据一般经验,工业化是一个地区现代服务业发展与分工专业化的物质基础,而地区生产专业化分工所形成的规模经济、比较优势则进一步促进工业化发展。可见,工业化作用于城市化的中间机制在于,现代服务业的发展、分工专业化与比较优势的形成。

一个地区的市区人口占比对于工业化作用显著为正。但是,在加入了知识外溢的代理指标变量后,一个地区市区人口占比对于工业生产总值的影响系数发生了改变,从显著为正转变为显著为负。这说明,如果地区的知识外溢程度是相同的,那么,市区人口占比对于工业生产总值的影响系数将为负数,即一个地区的市区人口占比越高,其工业生产值越低。引起一个地区工业化水平提高的更为直接的因素并不是市区人口占比，而是这个地区劳动者生产活动的知识外溢程度。一个地区市区人口占比、市区人口密度、是否为东部地区对于工业化的解释力度为0.409，而在加入了知识外溢程度的代理变量以后，一个地区的市区人口占比、知识外溢、市区人口密度、是否为东部地区对于工业化的解释力度为0.587。在这里，知识外溢程度的代理指标为人均地区生产值除以职工平均工资。如果一个地区的人均地区生产值相较于职工平均工资更高些，这个地区的知识外溢程度更高，劳动者的社会生产率大于个人生产率。由此可见，若一个地区的城市化过程形成了劳动者生产活动的规模经济效益，劳动者的社会生产率大于个人生产率，那么，这个地区的工业化水平更高。这是城市化促进工业化的具体内涵。

表8-1 　　　　　工业化对城市化的作用机制的回归分析

VARIABLES	(1) url	(2) url	(3) url
lindus	0.0632***	0.0354**	0.0466***
	(0.0181)	(0.0175)	(0.0178)
ration3		0.373***	
		(0.0589)	
lpopden	−0.0470***	−0.0374**	−0.0535***
	(0.0172)	(0.0162)	(0.0167)
east	0.0498	−0.00912	0.0169
	(0.0322)	(0.0316)	(0.0320)
ecorelate			0.0365***
			(0.00801)
constant	−0.341	−0.218	−0.100
	(0.240)	(0.226)	(0.238)
observations	286	286	286
R-squared	0.068	0.185	0.132

注：***p<0.01，**p<0.05，* p<0.1。

表 8-2 城市化对工业化的作用机制的回归分析

VARIABLES	(1)	(2)
	lindus	lindus
url	0.658 ***	−0.411 **
	(0.188)	(0.185)
spillover		1.024 ***
		(0.0936)
lpopden	0.471 ***	0.460 ***
	(0.0486)	(0.0408)
east	0.535 ***	0.321 ***
	(0.0995)	(0.0855)
constant	11.90 ***	11.44 ***
	(0.319)	(0.271)
observations	286	283
R-squared	0.409	0.587

注：***p<0.01，**p<0.05，* p<0.1。

进一步地，可以看到，在一定的经济发展阶段上，城市市区人口数（对数）与工业生产值的核密度分布图。市区人口数量最多的城市数目是少的，市区人口数量最少的城市数目也是少的，城市的人口规模集中分布在中等偏下的城市规模水平上。工业生产值最多的城市数目是少的，工业生产值最少的城市数目是少的，城市的工业生产值集中分布在中等偏上的工业生产值水平上。就劳动者的数量及分布说，集中分布的特点十分明显，人口规模多的是少数的几个城市，大多数城市的人口规模难以形成较大的水平。就工业生产值来说，大部分城市皆可以自身的比较优势为基础，发展具有规模经济的工业经济，大多数城市能够在工业化过程中实现自身的发展。可见，劳动要素的集聚与工业发展并不完全相关，劳动要素集聚主要是与服务业发展相关联。同时，劳动要素在城市之间的梯度分布格局，确实有助于经济体整体工业化的发展，是形成分工与比较优势的需要。

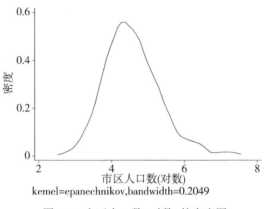

kemel=epanechnikov,bandwidth=0.2049

图 8-5 市区人口数（对数）核密度图

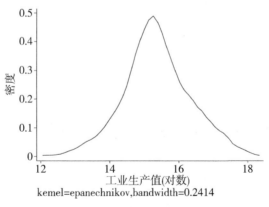

kemel=epanechnikov,bandwidth=0.2414

图 8-6 工业生产值（对数）核密度图

8.5 小结

以工业发展为目标是经济发展初级阶段出现的现象。一个城市能否在现代经济中具有竞争力，进而形成对劳动要素的吸纳力，促进城市化发展，主要依赖于此种工业化是否能够促进并带动现代服务业的发展、规模经济与比较优势的形成。同时，城市化现象也不是简单的劳动要素聚集，更重要的是这种聚集能形成知识外溢与创新，提高劳动生产率，提高全要素生产率，能够促进工业化进程与经济的发展。城市化与工业化的成果皆需要微观化，以促进人力资本外部性作用的发挥。其中，微观化是指劳动要素参与到工业化与城市化进程中来，成为工业化与城市化的主要内容，工业化与城市化中劳动要素生产率皆实现提高。工业化与城市化不是经济增长的目的，而是经济增长的途径。经济生活的目的在于，以劳动要素集聚为依托，促进工业化与城市化的协调发展，实现劳动要素生产率的提高与产品总供给的增加。

为了实现工业化与城市化的协调发展，经济生活中需要注意几点。其一，工业化中的效率提高模式要有助于城市化的推进。具体来说，一是工业的发展不能仅仅依靠于资金、物质、能源等要素的大量投入，而需要依靠技术进步与专业化的生产，在产业竞争力提高与规模扩大中实现劳动要素需求的增多。二是工业的发展是以现代服务业发展为依托的。经济生活中制造业的高度发达与消费品的生产，对于消费者的需求满足是有限的，需要在拓宽消费者的需求层次、扩大消费者的需求范围、提高消费者的需求愿望上作出努力。高质量服务产品供给是工业化发达阶段上出现的合理现象。服务产品的供给有助于工业产品的生产、质量的更新、消费需求的增加，是工业化的重要组成部分。而对于高度发达的服务产业而言，现代服务产品的生产特点内在的要求经济活动中形成一种高素质劳动要素集聚的分布模式。可见，以技术进步与专业化生产为依托的工业发展，以服务产业高度发达为表现的工业发展，是有助于城市化推进的工业化模式。其二，城市化中的要素集聚模式要有助于工业化的推进。一是，高素质劳动要素在规模较大的城市内部集聚，是工业化进程中技术供给的主要来源。新技术可以应用于生产活动的各个领域，包括工业机器设备的更新与改造，农业生产技术水平的提高。工业化推进的一个重要内容在于工业竞争力的提高以实现国际贸易条件的优化。而大规模城市内部技术创新对于工业竞争力的提高具有关键的作用，是工业化推进的主要力量。二是，在各城市所形成的梯度分布格局中，少数规模较大的城市是现代服务业发展的需要，多数规模相对较小的城市是专业化工业发展的需要。正是这种劳动要素的空间合理配置，形成了产业发展的有利条件。城市化中劳动要素的集聚与城市规模的梯度分布格局，是一种有助于经济发展的劳动要素合理化的布局条件。可见，工业化与城市化协调互动的关键在于，劳动要素集聚与资源配置效率之间形成良性的互动关系。而城市劳动要素规模梯度分布的格局是这种具有效率的资源配置模式。以上是人力资本外部性视角下关于工业化与城市化互动内容的思考。

第9章 人力资本外部性与城市化的
有序推进

9.1 管理部门在城市化中起的作用

在市场化的条件下，劳动力的空间流动是以自身效益优化为目标、自主进行的。但劳动要素不同于物质等生产要素，劳动力的流动与空间再配置成本更高。在一些情况下，劳动力流动中的成本之高，以至于劳动力在空间流动中的损失大于流动所带来的潜在收益，从而减小劳动力流动的可能性。因此，如何降低劳动要素在空间范围内部流动的成本，以优化劳动资源的再配置，是管理部门应该关心的问题。在分析城市化动力机制时，本书是遵从经济学分析的传统，以信息充分供给与理性人为假设前提的。但现实经济的发展状态却常常与理想化的假设相去甚远。现实与理想的差距促使经济理论的视角延伸至管理部门，希望这个以社会整体利益优化，具有调配资源能力的国民经济有机组成部分，采取合理的措施与有效的对策，为市场的良好运行发挥积极的作用。城市化中劳动力市场有序运行依赖于每个劳动者的行为选择。劳动者作为经济生活中最为活跃的要素，其行为选择是否能够完全符合"信息充分""理性"的假设呢？劳动力市场主体的广泛性与劳动者行为选择影响因素的复杂性决定了管理部门在城市化中可以而且应该发挥较大的作用。

在生产要素数量固定的条件下，城市化推进能够提高经济效率，何乐而不为呢？城市化的有序推进是制度设计的目标之一。

1. 管理部门在城市化有序推进中起作用的理论

管理部门有一些天然的优势促进城市化的推进。劳动者与市场主体的利益不一致，经济生活中信息不对称皆需管理部门起调节作用。在理想的城市化运行机制下，在微观个体追求自身效用优化而从传统部门向现代部门流动的过程中，宏观资源配置效率实现最优。在现实经济发展过程中，有一些因素导致了这种理想的城市化运行机制难以实现。从主观角度说，源于外部性作用的存在，劳动者的行为选择在专注于个人福利的同时，可能会减少他人的福利。这将导致个体行为选择难以实现其预期的目标。正如阿罗不可能定理所揭示的，当每个个体在作出最理想的行为选择时，往往无法选出符合每个劳动者最优化目标的候选人。据此，如果经济生活中每个劳动者在城市化过程中的流动行为选择皆是以自身效益最优化为目标的，那么，所有劳动者的行为集合亦将无法实现自身的经济效益优化，也无法实现城市化的经济功能。比如，若每个劳动者都以城市部门的公共服务获得作为自己的追求目标，城市部门劳动力数量远远大于产业部门对劳动力的需求量，这将导致城市内部劳动力数量过多，进而引起失业严重与公共资源短缺的问题。过度的城市化将不利于经济整体的发展，身处其中的劳动者效益将会受到损失。符合社会资源效率最优的行为选择是劳动者的次优选择，而不是最优选择。正如阿玛蒂亚提出了以整体福利最优而不是个体福利最优作为经济行为的选择，是一种更加符合资源配置效率优化要求的选择。管理部门正是需要将不同劳动者的福利目标考虑在内，提出一种符合整体效益优化的劳动力流动与空间配置方案。这将是每个劳动者能够获得的最优福利（马旭东和史岩，2018）。而布坎南则将外部性问题内部化，并提出具体的方法。市场中公共品的供给是存在的，也是必要的。问题在于，提供何种公共品可以减少外部性问题并实现社会福利的最优化（王志刚等，2013）。这种公共品的供给天然的由以社会整体效益优化为目标的管理部门来提供。于是，管理部门在协调劳动者的利益选择中应起到作用，寻找到不同劳动者利益共同优化的均衡点。这个均衡点的标准是，当劳动者追求自身效用优化的时候，不减少其他劳动者的效用。这也是帕累托所说的社会整体资源配置优化。管理部门正是以社会整体效益优化为目标来探寻制度的平衡点。从客观角度说，劳动者的理性是建立在有限信息基础上的理性，如果信息的接收不够充分，如果信息加工能力有限，劳动者的理性选择则是不符合社会整体福利优化的行为。这需要管理部门在改善信息的不对称性方面起作用，进而为劳动者的理性选择提供支持条件。科斯将外部性问题具体化为了交易成本（沈满洪和何灵巧，2002）。产权的制度安排正是为了将外部性内在化，减小外部性作用，尽量使劳动者的生产投入与产出相一致，提高经济运行的效率，实现帕累托的优化发展（郑秉文，1992）。公共部门在协调微观效益与宏观效益目标方面具有可能性。从发展目标的角度说，公共部门天然的以社会整体效益作为目标选择。这是公共部门存在并获得发展的原因所在。城市化是兼顾微观效率与宏观效率的资源配置过程。管理部门通过推进城市化的良性运行，以实现自身的目标与价值。从资源配置范围的角度说，公共部门能够对全社会不同地域、不同时间、不同类型的资源进行综合调配。当行为主体可调配的资源范围扩大时，资源的配置更加优化，交易成本减小，经济收益将提高。管理部门正是可以通过制度设计调配大范围的资源以实现效益优化的部门。城市化是劳动要素在空间范围内部大规模流动的过程。管理部门需要以社会整体福利优化为目标，调配经济生活中的各种要素，推进城市化进程，以实现资源配置效率的提高。从资源使用效益的角度说，公共产品存在较大的规模效应，由公共部门提供公共产品可以降低成本并增加边际效益。城市化中公共服务的供给、基础设施的建设、制度环境的创造都具有一定的规模效益，需要由公共部门来提供才能降低成本。从信息获取能力的角度说，公共部门是具有信息获取优势的部门。当管理部门不断地将信息供给给劳动者，劳动者在获取大量有效信息的基础上，其行为更具有理性特征，社会经济的运行将会更加有效。城市化中，微观劳动者的信息获取对于其流动选择具有重要的作用。劳动要素集聚单元之间信息流动的效率较低，管理部门可通过搭建平台来提高信息的沟通水平。可见，源于劳动者间利益的不协调与经济运行中的摩擦，管理部门在城市化的良性运行中应发挥作用。

2. 城市化中管理部门作用发挥的实践

城市化有序推进的条件包括，一是城市部门内部劳动者创造能力的涌现。这是现代城市经济发展的前提条件。二是产业的有序发展与规模扩大。这是现代部门创造充足的就业岗位、形成有效的劳动需求的关键步骤。三是劳动要素在传统、现代部门间，在不同城市间有序的流动，职业的合理过渡。这是劳动力高效、有序流动的基础条件。这些条件是相辅相成、相互促进的关系。充分发挥人的主观能动性与创新热情，调动劳动者的生产积极性；创造容纳更多劳动力的现代部门产业环境；为劳动力在空间范围内部的再配置提供外部的客观环境。不同条件或直接或间接地服务于劳动者人力资本禀赋的发挥、创新能力的涌现、现代部门就业岗位的创造、劳动力的高效流动，为城市化发展提供支持条件。

其一，减少创新活动的不确定性。城市经济发展的源泉在于——创新。具有经济价值的创新活动是，劳动者在面对错综复杂的现实世界时，准确判断消费者的潜在需求偏好，集中各种可利用的资源，使用优化的模式加工、生产，借由多种渠道，销售给目标消费群体的过程。创新活动的顺利进行，是由一系列复杂的生产活动组合而成的，具有较大的不确定性。管理部门应提高对知识产品的保护力度，为创新活动提供资金支持，建立高效的组织体系，减小创新活动的不确定性与风险。具体说，一是，增加知识生产活动的投资回报率。市场主体开发新技术、研发新产品的积极性，取决于创新活动的投入产出率。创新活动，是一种成本高、风险大的脑力活动，是在投入大量资金等要素的条件下，经历长久的、不懈的努力，才能看到效果的经济活动。保护知识产品的市场价值，提高创新活动投入回报率，可以鼓励市场主体创新活动的发展（Jan，1997）。二是，为创新活动提供资金与制度支持。比如，公共风险投资、小企业创新研究项目、自主新技术开发的赠款和贷款项目、大学附属技术开发中心、技术部署或者转让项目、技术企业孵化器和技术研究园区项目（Jenkins et al.，2006）。充足的资金支持与高效的创新孵化体系，是创新活动发展的必备条件。三是，建立高效的市场组织体系。现代社会的信息瞬息万变、快速流动。信息具有时间价值。市场主体在搜集市场信息，应对外部需求变化，开发新技术、新产品等方面存在弱势。贸易协会在搜集产品的市场信息、维护产品的质量、提高产品的市场竞争力方面具有优势（Hashino and Kurosawa，2013）。行业协会在行业规则制定、实时信息供给、技术前沿指导、行业发展规划等方面起到重要的作用。这些都为行业内部的市场主体创新活动的顺利进行提供必要的外部条件。可见，现代社会中城市经济的高效率，与高风险相伴而生。面对外部需求市场的变化，技术条件的更新，市场主体的创新活动具有不确定性，提供创新活动的内在推动力量、外部支持条件，是保障创新活动顺利进行的有效措施，是实现城市经济发展的内在要求。

其二，合理调配资源，"调剂余缺"。城市内部就业岗位的创造是城市化推动的途径，是产业高效发展的产物。处于不同经济发展阶段上的城市，其产业发展所依赖的关键要素是不同的。对于经济相对欠发达的城市而言，基础资金的供给，在产业起步中具有重要的作用。对于经济相对发达的城市而言，产业集群生成比较优势，是产业高效发展的有效途径。对于不同发展阶段上的城市，对于资源禀赋不同的城市，管理部门起作用的重点是不同的。具体说，一是，通过产业集聚的方式促进现代产业发展。产业集中分布，是一种高效的产业发展模式，在技术开发、经济效益提高、就业岗位创造中具有不可比拟的优势。瞄准具有比较优势的产业，发展产业集群，共享知识、市场、劳动、原料等要素，以提高产业的经济效益，并形成具有竞争力的产业体系（Barkley and Henry，1997）。二是，将资金配置到最有发展潜力的产业部门。源于资源禀赋、要素特点、产业基础、地理位置等条件的不同，城市具有比较优势的产业亦不同。以城市发展阶段为基础，选择符合城市资源禀赋、比较优势的产业，将资金配置到最有发展潜力的产业部门，是资金有效使用、产业高效发展、就业岗位有效供给增加的关键（Dykstra，1958）。三是，缩小欠发达地区与发达地区产业发展的差距。城市化的推进，既需要发达地区的加快发展，亦需要相对欠发达地区的后来居上。在经济体发展到一定的阶段后，城市化发展的动力在于，经济欠发达地区城市化水平的提高。不同地区的城市化发展速度差异应控制在合理的范围内，以实现经济体城市化整体、有序的进步。改善欠发达地区教育、住房、交通等条件，为产业的起步与发展提供必要的支持，以减小空间发展差异，实现区域发展平衡（Nathan and Overman，2013）。欠发达地区的城市化为发达地区产品提供需求市场，是促进发达地区城市化的有利条件。发达地区的城市化为欠发达地区的城市化提供示范效应，为欠发达地区的经济发展提供必要的物质、资金、市场等条件，促进欠发达地区发挥后发优势，实现城市经济的发展与城市化的稳步推进。四是，资金支持欠发达地区产业发展。以资金直接帮扶的形式，开发欠发达地区的资源，以基础设施供给、公共投资项目、短期贷款、在职培训、住房补贴等举措促进欠发达地区产业的发展（MacLennan，1965）。为减小欠发达地区高素质劳动者的流出，对劳动者的创业、人力资本投资、生活条件改善等提供资金保障，是一种必须。五是，通过区域间产业联合的方式促进产业整体的发展。以资源禀赋为基础发展专业化产业，加大城市之间的经济联系并形成具有竞争力的产业体系，是城市产业发展获得较大比较优势的必备条件，是经济体整体效率提高的有效途径（Davis and Casis，1946）。各城市的资源禀赋不同，要素条件存在差异，技术条件存在先进、落后之别，城市为发展具有比较优势的产业，需要调配各种资源、要素，引进合宜的技术、适量的资金，使之合理、高效的匹配，以实现成本降低、效益提高之目的。可见，依据城市的发展阶段，高效的使用有限的资金，合理的配置到最需要的部门，是发展产业、创造就业岗位、推进城市化的必要举措。

其三，减少信息不对称，优化制度设计，增加市场运行效率。具体来说，一是，劳动力市场信息的充分供给。源于产业的发展存在周期，劳动者的技能与创新活动存在周期，市场主体产生、发展、退出的周期在缩短，劳动力在不同市场主体中工作的时间在缩短，劳动者的职业与就业地点处于不断地变化之中，劳动者需要不断地在市场上寻找到新的适宜的就业岗位，以发挥自身的生产潜能、实现自身的人生价值。完善劳动力市场的培训制度与灵活就业制度，提供市场信息以减小搜寻成本，降低交易费用、减小信息不对称造成的效率损失，提高劳动力市场供需匹配度，为劳动力的自由流动创造良好的环境，提高劳动力不断适应新的市场需求的能力（Mayhew，2013），提高劳动力流动的效率，并实现城市化有序、高效的推进。二是，保持适度的城市人口规模。城市以产业为基础所创造的就业岗位数量是有限的，城市整体福利供给亦是有限的。在经济发展的一定阶段上，作为劳动要素集聚的空间范围，城市人口规模的增长速度需要控制在一定的范围以内（Sovani，1964），以实现城市良性、可持续的发展。城市的人口规模与经济发展存在一个适度的比例关系。标准应是城市人口规模控制在公共服务供给与基础设施供应的可承受范围以内。三是，分步骤、分阶段地发展基础设施。在不同的工业化发展阶段上，城市内部劳动力规模增加的潜力是不同的（Hall，1980）。需要根据城市的发展阶段来判断城市人口规模增加的潜力，在基础设施建设方面制定相应的策略，保障城市基础设施建设与劳动力规模的相契合。四是，基本公共服务供给的全覆盖。以城市劳动力规模为依托，保障城市必要的公共服务供给，合理规划城市布局（Sedgley and Elmslie，2001）。作为社会生活中的个体，劳动者需要以一定的公共服务供给为基础，实现个人的发展。同时，为处于不断变化中的、不断流动中的劳动者提供必要的社会保障，以确保劳动要素流动的稳定性，增加城市化的微观经济效果。

总之，城市化的有序推进需要管理部门发挥必要的作用。管理部门具有信息供给、资源调配、收入分配等职能，天然的具有兼顾微观与宏观效益，综合当前与长远利益的属性。这决定了管理部门在城市化有序推进中可以而且应该发挥较大的作用。同时，经济发展的阶段性决定了管理部门在城市化推进中的作用是有限发挥的。管理部门通过公共服务供给、基础设施建设与制度设计，为城市化中劳动要素流动创造较好的外部环境，保障城市化推进中经济规律所起的重要作用。

9.2　城市化有序推进的对策

以城市化发展规律为依托，以劳动力市场有序运行为方向，以经济社会发展实践为起点，从劳动力市场的角度提出城市化有序推进的具体对策。良性的城市化运行特点包括保障劳动者的经济效益、提高经济体的效率、缩小收入差距与不平衡，形成一种有助于发挥人力资本外部性的劳动要素流动与再配置的模式。而现实生活中经营型城市、福利保障不到位、流动成本过高等现象，是城市化无序推进的表现，也有碍于城市化经济功能的实现。从劳动力市场的视角出发，管理部门需要采取措施辅助城市化的有序推进，促进人力资本外部性作用的发挥，实现良性的城市化进程。

1. 劳动力市场高效配置是城市化有序推进的前提

城市化的有序推进离不开劳动力市场的有序运行。有序的城市化是高效的劳动力市场配置模式，是"调节并引导劳动力这一宝贵资源用于生产率最高的地方"。① 以高效劳动力市场为目标，城市化的发展方向在于，一是，劳动力以自身禀赋为基础，根据市场中的工资，在不同城市中寻找新的适宜工作地点，并在工作岗位上极大化的发挥生产潜能。二是，城市中市场主体对劳动要素的需求量取决于，劳动力成本与资本价格的比价。市场主体的劳动要素需求与劳动者的人力资本禀赋供给之间形成良性的匹配。减小因制度因素而形成的劳动力供需匹配效率损失。三是，劳动者的工资水平与其所创造的经济价值相对应。当劳动者的人力资本禀赋与其所处的市场环境更加契合时，其劳动所创造的经济价值更大，工资水平更高。收入分配制度更具有效率，让劳动生产率与收入相匹配。四是，减小劳动者社会保障与福利水平的城乡与地区差异，保证劳动者的社会保障与公共服务的全面覆盖。这是城市化中劳动者流动稳定性的关键。五是，劳动者与市场主体之间签订劳动合同以保护劳动者的劳动与就业权利。尤其是，为就业形式灵活的劳动者，提供必要的保障。六是，在城乡之间、在不同城市之间、在不同市场主体之间，保障就业信息的共享，劳动者的供给与市场主体的需求在更大范围内实现匹配。须知，城市化是劳动力流动与再配置的过程。城市化的有序推进有赖于劳动要素生产潜力的充分释放、劳动者人力资本禀赋的充分发挥，劳动者经济价值的充分实现。而这都需要以劳动力市场有序运行为前提条件。

2. 一种有助于人力资本外部性作用发挥的良性城市化模式

以劳动要素集聚为表现形态的城市化，是经济效益提高的基础，是经济体创新的原动力。劳动者以自身效益优化为目标而流动的过程，是城市化有序推进的基础。城市化过程中劳动要素集聚所形成的经济效果在于，人力资本外部性作用的发挥。正是源于城市化中人力资本外部性

---

① 沈琴琴著：《劳动力市场与职业选择》，知识出版社 1998 年版。

作用的发挥，劳动要素集聚才能促进技术进步与产业发展。城市化的经济效果让人们认识到有序推进城市化将产生巨大的经济效益。于是，有必要在把握城市化运行规律的基础上，制定出合理的相关政策，以促进城市化的有序推进。

第一，创新活力是人力资本外部性的经济效果之一，是城市化中新产业出现的动力源。充分调动劳动者的生产积极性是创新活力迸发的有利条件。创新活力迸发是城市规模扩大与经济体产业结构优化的有效途径。经济体整体产业结构优化是城市化有序推进的必备前提。其一，经济效益的逐步提高是高质量城市化的必要保障。高质量城市化实现的必要条件在于，劳动要素空间再配置能够创造生产效率。城市化过程是资源要素再配置的过程。在劳动要素从分散布局走向集中布局的过程中，经济潜力得到释放，经济效益得到提升。而这需要以现代部门生产活动产生有效劳动需求，现代部门的社会保障与基础设施能够满足城市居民基本需要作为前提条件。其二，劳动者主观能动性的发挥是经济效益提高的基础条件。有序推进城市化的关键在于调动劳动者的积极性，将劳动者配置到能够极大发挥生产潜能的城市，让人力资本投资获得更大的回报，从而不断地提高劳动者人力资本投资与积累的积极性。劳动力流动引起人力资本经济价值增加的内涵在于，当劳动者从生产效率低的分散的经济单元向生产效率高的集中的经济单元流动时，劳动者的人力资本的经济效益会增加。这是劳动力空间配置所带来的经济效果。其三，有序的劳动要素集聚模式所产生的创新能力是经济效益提高的必备前提。劳动要素集聚是极大调动劳动者积极性的主要方式，是优化劳动资源配置的有效途径。经济单元内部具有多个集聚单元，在集聚单元之间形成密切的信息流、知识流交换平台，是经济体劳动要素高效配置格局形成的标志。源于知识的累积循环性质，劳动要素在空间内部的配置将逐步向集中分布的趋势发展。这是有效且符合发展经济规律的城市化模式。

第二，产业现代化是人力资本外部性的经济效果之二，是城市化中就业岗位创造的动力。作为城市化推进的动力因素，现代部门就业岗位的创造与有效劳动需求的形成是在产业逐步走向现代化的过程中出现的。城市内部的产业处于一定的动态变化中。技术、创新是产业现代化的必备前提，也是现代部门就业岗位创造与有效劳动需求形成的基础条件。其一，产业现代化是城市不断形成新的劳动需求的基础。城市之所以能够不断地生产出就业岗位与有效劳动需求的原因在于，城市内部不断生成新的产业。产品形式的更新、产品种类的丰富、产品价值的提升是符合消费者需求的创新内容。劳动者对产品的有效需求，促进现代部门生产规模的扩大并形成有效劳动需求。产业生产方式的更新、经济价值的提升、技术含量的升级、消费内容的更新有赖于高素质劳动者集聚所产生的人力资本外部性。这是产业现代化的主要内容。其二，各城市以自身的禀赋为基础，拥有自身的产业发展规律。城市的产业构成需要与城市的规模、城市的劳动者素质相匹配才能形成高效的产业结构。不同城市产业的分布规律为，一是以现代服务产业为主要构成的经济单元，劳动要素集聚度最高。在有限的经济单元内部，劳动者通过脑力加工以创造出具有较高经济价值的无形的服务产品。二是以商业服务业与机器设备制造业为主要构成的经济单元，劳动要素集聚度中等。劳动要素的集中分布为技术的应用与产业的发展提供了可能。在需求市场拉动与劳动者素质推动的条件下，现代服务业与机器设备制造业实现发展。三是以专业性并符合资源禀赋比较优势的产业为主要构成的经济单元，劳动要素集聚度低。具有相似人力资本禀赋的劳动者，在专业的生产领域加工制造，可提高劳动生产率。合理的产业布局是产业专业化与规模效益形成的前提，是产业走向现代化的条件，也是城市就业岗位创造的基础。城市规模与城市内部的产业构成是相关联的。当城市内部劳动要素的集聚与产业构成形成一种相辅相成的累积循环关系时，经济生活中将形成一种有助于效率提高的资源配置模式。其三，产业现代化是一个动态的概念。产业具有自身的发展周期。在不同的产业发展阶段，产业的资源禀赋、技术条件、需求市场发生较大的变化。产业中的市场主体为实现效益的增加与成本的降低，将会在不同城市寻找新的适宜地点。由此，城市内部具有比较优势的产业是处于不断变化中的，这是城市分工专业化并融入整体发展格局的必备条件。城市分工的本质在于，以整体发展格局为起点，以技术条件为基础，定位具有比较优势的产业，投入大量的资金、劳动要素生产出具有比较优势的产品。城市之间的技术条件差异与产品价值差异成为产业分工的基础。各城市形成具有分工专业化特点的产业布局是产业规模经济形成的前提条件，是现代部门就业岗位创造的有利条件。

第三，劳动要素的空间再配置是实现人力资本外部性作用发挥的途径，是城市化中微观劳动者提高自身经济价值的方式。劳动要素的空间再配置是现代经济生活的重要特征。在外部市场条件与比较优势发生改变的情况下，劳动要素的空间再配置是劳动者努力适应变化了的客观情况，选择新的最大化发挥自身禀赋的职业的需要。劳动要素的空间再配置是以自身效益优化为目标而自主选择的过程，是将自身人力资本禀赋与产业的需求相互匹配的过程。产业处于不断的动态变化过程之中。作为产业的构成要素，劳动力亦处于动态流动之中。劳动要素在空间范围内部的再配置，有助于现代部门产业的发展与有效劳动需求的形成，进而形成有序的城市化进程。其一，劳动要素的空间再配置是城市化过程中现代部门有效劳动需求形成的需要。现代经济发展的经济效果在于劳动要素需求的生成。但这种需求增长的过程是一种渐进的、逐步的过程，是伴随着现代部门经济基础从无到有而不断发生、发展的过程。在初始阶段，经济发展是一种以资金积累为主的阶段，对劳动要素的需求程度较低。伴随着经济的发展，资本积累速度加快，产业构成逐步改善，尤其是在知识、信息发展的经济环境中，现代服务业发展对于劳动要素的吸纳力逐步增加。在现代部门产业结构不断变化的过程中，在劳动要素需求不断增加的过程中，劳动要素需要在空间范围内部实现再配置。其二，劳动要素的空间再配置是城市化过程中产业发展的需要。城市发展中产业存在生命周期。外部需求市场的变化、比较优势的转变、技术条件的变革都会引起城市内部产业发展的周期性变化。城市内部产业的不同也会引起有效劳动需求数量与质量的不同。在城市发展的初级阶段，依托于交通优势、资源禀赋、技术条件而形成的产业对于劳动要素的素质要求有限，本地劳动力市场供给可以满足产业发展的需要。而当城市在积累了资金实力、产业基础以后，向高附加价值的产业发展时，产业对劳动要素的素质需求逐步提高，劳动力市场需要吸引外部高素质劳动力以弥补本地劳动力市场供给的不足。可见，城市产业的变化引起劳动要素需求数量与质量的变化。由于产业存在生命周期，城市内部的产业处于不断的变化之中，劳动要素也顺应产业的变化而在空间范围内部再配置。其三，劳动要素的空间再配置是劳动者实现自身经济价值的需要。劳动者自身的能力积累与潜力迸发存在着生命周期。当劳动者处于最具创造力的时期，劳动者在大规模的城市内部从事生产活动，可以发挥自身的才能。而当劳动者处于能力积累与技术成熟的时期，劳动者需要根据变化了的市场条件选择新的适宜的城市从事生产活动。可见，劳动者的空间流动过程是劳动者以自身禀赋为基础，为实现自身经济价值最大化而形成的。

3. 城市化推进中存在的问题与发展方向

目前我国城市化中出现的一些现象不符合良性城市化的要求。城市化过程中劳动要素集聚所形成的创新活动效率较低，劳动者的生产效率在流动中没有提高，现代化产业发展不足。具体为，一是，经营型城市问题突出，城市规模的扩大没有提高经济效率。城市管理部门对于扩大土地规模、建造产业园区乐此不疲，却鲜少关注城市内部产业的发展与劳动力的生产活动。这样的城市规模扩大并没有产生创新与效率。二是，若干大城市人口规模过大，相应的公共服务供给与配套制度不够合理。城市发展中市场主体的需求吸引外部劳动要素流入，城市管理部门没有为这些已在城市内部创造经济价值、获得就业岗位的劳动者提供必要的福利与保障。劳动者拥有城市的就业岗位，却没有在城市生活的归属感。这种情况不利于发挥劳动者生产积极性与就业稳定性，从而不利于劳动者生产潜能的最大化发挥与经济价值的创造。三是，劳动力配置不优，劳动者没有在最适合的城市内部工作并发挥个人禀赋。在一些以专业型产业为主的城市内部，产业技术的变化减小了市场主体对劳动要素的需求，劳动者的生产潜能无法得到最大化的发挥。目前，劳动者的工资与其劳动的市场价值不完全一致。但就业的稳定性成为一种隐形福利，构成劳动者经济价值的组成部分，限制了劳动要素的流动。同时，每个城市为了实现自身的发展，发布了引才政策。这种城市的引才政策不是依靠于本地的产业，而是依靠于管理部门的政策红利。在这种条件下，劳动力的空间配置显然不符合劳动者经济价值实现的目标，不是效率优化的劳动要素配置模式。四是，劳动力流动成本过高，理性流动行为受到限制。社会保障、劳动合同的灵活性较低，劳动者离开工作岗位的损失较大。这种因制度而引起的劳动力流动成本减小了资源要素流动的可能性与配置的效率。五是，信息供给贫乏，劳动者与市场主体之间的信息沟通渠道十分有限。城市管理部门在人才市场发布的招聘信息主要局限于城市内部的企业，鲜少关注其他城市企业的招聘信息。劳动者人力资本禀赋的供给与市场的需求无法在更大的范围内实现更优的匹配，减小了劳动力市场的匹配效率。六是，城市内部的经济福利覆盖不到位，流动中的劳动者没有增加效益。劳动者从传统部门向现代部门迁移，却无法在现代部门内部获得足够的、必要的社会保障与基本的生活条件。这种情况不利于劳动者人力资本的长期投资，也不利于社会的稳定。七是，在以传统产业与资源型产业为主体的城市内部，劳动力流出不充分。传统产业内部市场主体的劳动合同、社会保障与劳动者就业的关联性较大。需要在不断改变传统市场主体的劳动关系中，促进劳动力的合理流出。八是，城市内部产业更新速度慢，尤其是中西部地区产业发展水平低，不同地区之间的产业互补性弱、联系有限。这不符合比较优势与产业专业化的要求。这使得劳动者人力资本禀赋的经济价值难以得到充分的发挥。

一种有助于人力资本外部性作用发挥的良性城市化表现形式在于，一是，城市内部劳动者的福利供给充裕。城市劳动者社会保障、公共服务保障到位是劳动者在城市稳定生活的前提条件。这就要求城市的人口规模与城市公共服务供给能力相配套。城市内部劳动力数量需要与市场主体的需要量相一致。城市内部劳动力数量的增加能够产生正的边际效益。城市劳动力合作生产能够产生规模效益。二是，城市间劳动要素配置有助于工业发展。从本质上说，城市内部创新活动与研发部门效率是工业生产活动效率形成的关键。城市内部现代服务业的发展是以工业发展为前提的，并服务于工业的发展。在劳动要素集聚并产生知识外溢与创新的条件下，工业化获得发展。三是，城市内部的失业率保持在自然失业率水平，减小大规模的失业与就业不足现象。这需要城市人口规模与产业发展相适应。在城市内部产业规模扩大的时期，外部劳动力不断的流入。在城市内部产业规模减小的时期，管理部门需要为劳动力的合理流动提供便捷的渠道与优化的制度环境。四是，劳动者的禀赋与其所处的经济环境之间配置恰当。劳动者的人力资本禀赋与城市内部的产业相适应，并发挥人力资本禀赋的经济价值，是劳动力合理配置的表现。一般来说，在劳动要素集聚程度高的城市内部，劳动者素质相对较高，劳动者能够创造出具有新的种类、功能与效用的产品。五是，城乡差距减小。有序的城市化进程必然是有助于城乡收入差距减小的。城市产业发展既为劳动者提供充足的就业岗位与较高的收入水平，也为传统部门的生产活动提供技术支持。总之，城市化的有序推进是一种有助于城市内部创新活动与现代化产业发展的劳动要素动态配置过程。

4. 加强制度设计，发挥人力资本外部性，促进城市化有序推进

目前的经济发展阶段决定了劳动力市场运行有诸多不完善的地方。为有序推进城市化，发挥人力资本外部性作用，管理部门需要根据劳动

力流动中出现的问题，制定出合理化的政策。制度设计的原则是，以现实问题为基准，以社会整体福利优化为目标，以管理部门的资源调配能力为依据，尽可能地促进城市化的有序推进与城市化经济效益的实现。以城市化有序推进与劳动力市场有序运行为目标，管理部门主要在三个方面起作用。一是，投资于人力资本。正如人力资本外部性理论所表明的，劳动者人力资本禀赋的社会回报往往大于个人回报。如果仅仅依靠劳动者依据个人回报预期来投资人力资本，将降低社会的整体福利。源于人力资本投资是一种具有公共品属性的行为，管理部门通过财政等手段在人力资本投资中适当投入，将有助于社会整体效益的增进。二是，创造劳动力市场运行的外部环境。劳动力是一种生产要素，劳动力的流动成本相对较高，劳动者的流动过程是自主选择的结果。高效的劳动力市场运行环境有助于劳动力的合理流动与劳动者人力资本禀赋的极大化发挥。三是，建立高效的劳动力市场中介组织。劳动力市场中介组织的发展是管理部门在城市化中发挥作用的重要方面。劳动力市场中介组织效率的一个重要方面在于，信息的收集与获取能力。这是公共部门的优势所在。通过增加劳动力市场信息的供给，提高劳动力与岗位的匹配度，进而提高劳动者的生产效率与就业率。源于中介组织具有公共品属性，管理部门对中介组织的规范管理，将降低劳动者获取就业岗位信息的成本，保障就业岗位信息供给的准确性与广泛性，确保岗位信息供给的实时更新，以实现不同地区劳动者获得一致的就业岗位信息。

第一，为劳动力的知识积累与创新活动提供支持条件，促进人力资本外部性作用的发挥，为城市化生成提供动力。城市化中劳动力集聚形成的知识外溢与创新是城市化经济功能实现的关键。管理部门可以在以下方面起作用，一是，促进劳动者的知识累积。完善义务教育制度、高等教育制度、职业教育制度，保障劳动者对基本知识的获取。提供在职培训补贴、创业活动税收补贴、科技企业税收优惠政策，鼓励劳动者在职业中学习，提高专业的技能水平。举办会展、交流会，为劳动者交流知识、合作互动提供可能，促进劳动者创新潜力的开发。二是，形成一种廓清劳动者的投入与产出，并发挥劳动者主观能动性的收入分配制度。公司股权制度的创新、收入分配制度的完善，对于具有较高人力资本禀赋并创造出较高经济价值的劳动者给以相应的报酬。让劳动者的经济收益与劳动生产率的经济价值相一致。为实现更高的收入，劳动者将会努力发掘自身的潜能，极大化的发挥经济价值。三是，劳动者创造力的发挥不仅体现在市场主体内部的收入分配，更为重要的是，劳动者在创业过程中的制度供给。创业活动是劳动者主观能动性发挥的集中体现，是劳动者创新能力迸发、创新价值呈现的主要动力。一方面，需要在创业前期提供资金供给支持与技术支持，在创业中期提供商业环境的支持。另一方面，提高劳动者创业活动的收入回报，激发劳动者的创新创业热情。四是，创新活动的必要条件在于，形成一个劳动要素集中分布的地域单元。营造良好的商业环境，优良的政策环境，便利的通讯条件，使城市成为各种商业会展、论坛、商贸会议举办的理想地点。一般来说，无论是从人力资本投资意愿的角度，还是从人力资本禀赋的角度看，高素质劳动者的空间范围内部的最初分布是分散的。在劳动者的基础教育阶段，有一部分劳动者积累了较多的人力资本禀赋。如果这部分劳动者依然是以分散的状态分布在经济体各个地域单元，这将难以形成创新活力与经济价值。为此，选定一个空间区域，提供一定的制度红利，提供优良的商业环境，吸引大量高素质劳动要素聚集，促进劳动者创造力的发挥，是一个较优的选择。在制度供给的条件下，在经济单元发展的初始阶段，劳动者会选择向具有制度红利的地域单元内部流入，形成高素质劳动者集聚分布的经济单元。一旦一个城市成为创新的主要载体，成熟的创新孵化器、创新成果的市场转化能力，会吸引外部劳动要素的流入，创新活动将源源不断地进行下去。五是，城市内部市场主体的组织形式需要适应不断变化中的经济生活运行模式。集聚模式下的市场主体需要的是小规模的市场主体。市场主体运行的生命周期在缩短，不断地涌现新的市场主体需要外部资金的支持。通过相应的财政、货币政策促进资金流向小规模的市场主体，减少小规模市场主体的运行成本。成立一些政策性金融机构，帮助小规模市场主体化解市场风险，提高市场信用，提供资金支持，进而为小规模市场主体创新活力的涌现与竞争力的提高提供支持条件。

第二，为产业专业化与现代化产业发展提供条件，培育人力资本外部性作用发挥的产业土壤，增加就业岗位的供给，提高城市对劳动力的容纳力。城市化发展的关键在于，产业规模扩大，就业岗位供给增加、进而形成生产活动对劳动要素的有效需求。管理部门可以在以下方面发挥作用，一是，服务业的发展是城市就业岗位创造的关键。服务业发展的特点在于，社会需求不断的变化，分工细化程度不断的提高，新的服务产业不断地涌现。管理部门在制度规章、人才供给、行业规范等方面提供支持与保障，以促进培训、教育、法律、金融等行业的发展。现代服务业中的一部分是适应城市经济发展，促进城市就业，解决社会问题而出现的，客观上有助于推进城市经济的有序运行。推动城市服务业发展的一些措施包括，提供就业前培训、资金支持、打造就业与信息共享平台。二是，在薄弱的资本积累基础上如何发展产业，是经济落后的城市开启城市化进程面临的一个问题。制度设计在调节资金、劳动、技术等生产要素的空间余缺，为后发地区经济发展提供必要的资本积累中起到重要的作用，为经济落后地区的城市化发展提供了可能。一方面，通过产业政策调节各地区的产业发展规划，为落后地区结合自身资源要素禀赋发展具有比较优势的产业提供了可能。另一方面，通过加强基础设施建设，为工业发展提供必备的物质条件和制度条件，为承接外部的产业转移提供了可能。通过这些措施将会使得后发地区经济发展所必要的资本积累得以形成，进而在现代部门形成就业岗位，推进城市化的进程。

第三，降低劳动力动态集聚中的流动成本，为人力资本外部性作用发挥提供良好的环境，促进劳动力向生产效率高的城市部门流动。城市化中劳动力向现代部门流动是以现代部门经济基础及其所产生的经济价值为前提的。若劳动力的流动不是以城市的经济基础为前提的，而是以城市内部的福利基础为前提的，那么，城市化将对城市管理部门造成较大的负担，影响到城市化过程中的资金积累、市场主体发展、创新活力涌现等方面。为此，劳动要素的流动速度要与现代部门就业岗位创造能力相一致，才能够形成良性的城市化进程。制度设计显然在劳动者的流动规模与速度中起到重要的作用。降低劳动力流动中的成本与效用损失，是劳动者以自身效益优化为目标而配置的前提。劳动力自由流动的相关制度，包括土地制度、社会保障制度、户籍制度，等等。这些制度的设计是以流动中的劳动者个体效用不减少为目标的。一是，在影响劳动者效用的因素中，除了收入水平以外，社会保障与福利水平是一个重要的因素。如果劳动力在流动前与流动后，所享受到的社会保障与福利水平相一致，这将提高劳动者向现代部门流动的效率。要实现这一点，需要提高劳动者社会保障与福利水平的个人责任部分，提高社会保障与福利的统筹层次，缩小不同城市之间社会保障与福利水平的差距。制度设计的目的在于，劳动者无论去向何处就业，皆可享受到基本一致的社会保障与福利。二是，城市化中劳动者去向生产效率更高的城市部门就业，劳动者不断地与新的市场主体签订劳动合同。劳动合同需要保护劳动者的就业权益，保障劳动者基本发展的需要。劳动合同的完善性决定了劳动者就业的稳定性。劳动合同相关制度设计需要完善，以促进市场主体与劳动者之间建立起更加合理的劳动关系。同时，劳动合同形式亦需要灵活化。现代产业更新速度加快，市场主体进入与退出市场的周期也在缩短，劳动者需要根据变化了的经济形势选择新的适宜就业地点与就业岗位。那么，需要提高劳动合同的建立与解除的效率，以适应不断变化的社会经济环境。三是，此外，加快完善流动人口公共服务保障制度，让在城市就业的劳动者获得生活保障与公共服务供给，同时为劳动者进一步流动提供便利条件。基本原则是，劳动者在城市享受到的公共服务与其所创造的经济价值贡献相一致。减小城市对新到来的劳动者公共服务供给的滞后性，保障流动中劳动者在城市中的归属感，增加城市化经济功能发挥的稳定性。总的说，管理部门在城市化中起作用，主要是从劳动力的视角出发，为劳动者素质的提高、劳动要素的合理流动与集聚创造客观条件，目的是让经济规律更好的起作用，促进劳动者生产潜能得到最大化的开发与城市化经济功能的实现。

第10章 结 论

本书以劳动者行为选择为切入点，依托于人力资本外部性理论，分析人力资本在城市化形成中的作用，指出城市化中劳动要素集聚现象是在劳动者素质不断提高、产业结构不断走向优化的过程中所出现的现象，是经济规律起作用的结果。在劳动者以自身效益优化为目标而流动的过程中，在高素质劳动力供给充裕，现代服务业发展，产业分工专业化布局与产业形成比较优势的环境中，在一种有助于知识外溢与创新的工业化进程中，人力资本外部性作用得以较大的发挥，生成新技术与新思想，促进现代产业发展，推动着劳动要素集聚与城市化进程。经济生活中劳动力数量、质量及其空间组合的配置是经济规律起作用的结果，也是经济发展的潜力所在。城市内部劳动力数量与质量相契合，有助于微观劳动生产率、规模递增收益与全要素生产率的改进与优化。城市化中劳动者的禀赋特征与就业岗位创造能力、城市化进程是相互联动的关系。高素质劳动者的生产潜力与创造力具有公共品属性，可以提高产业效率、促进创新并不断衍生新产业，创造大量的就业岗位，让更多的劳动者加入到城市化进程中来，并享受经济发展与城市化的物质、文化成果。源于人力资本外部性作用的发挥，劳动者素质的提高，经济生活中形成以劳动要素集聚为表现形式的城市化。现阶段，在劳动者素质提高的过程中，城市化中劳动力向现代部门流动是符合个人效益优化目标的行为选择。以动态集聚为表现形式的劳动要素空间布局是符合产业结构优化目标的资源分布模式。正是在劳动者追求更加美好生活的过程中，社会生活中形成了更加细化的分工环境与更有效率的产业基础，为城市化的推进提供了支持条件。城市化动力机制问题的内容如下。

其一，人力资本外部性理论是解释城市化形成机制的重要理论。人力资本外部性是指，"个体人力资本在影响自身生产力的同时，也影响着与之相联系的其他劳动者的生产力。劳动者的地理距离的接近会促进外部性作用程度的加深，从而使整个组织与区域的生产力提高。"可见，人力资本外部性，是指经济生活中的劳动者，其生产行为与效率受到其所处的环境的影响。对于同一个劳动者而言，其在不同的经济环境中从事生产活动，将产生不同的生产效率与经济价值。若经济单元内部的生产活动是一种需要劳动者脑力加工创造的活动，那么劳动者之间的交流与合作成为经济生活中的一种必要，是更高经济效益的来源。若城市内部的产业是一种具有较高知识含量的产业，那么劳动者在分工与协作中，不断地创造与更新知识、信息，进而生产数量更多、质量更高的产品。若空间范围内部劳动者的生产效率更高，创新能力更强，劳动者交流的效率与频率更高，那么经济生活中的知识外溢效果将会更加明显。可见，经济单元内部劳动者的素质，产业的性质与属性是决定人力资本外部性作用发挥大小的关键因素。在人力资本外部性作用发挥较大的经济单元内部，劳动者的生产效率与经济价值普遍较高，经济单元内部形成了一种具有规模收益递增属性的生产活动氛围。源于人力资本外部性作用的存在，知识外溢效应更大、全要素生产率更高，具有规模收益递增属性的经济单元吸引外部劳动者到来，经济单元劳动要素的规模不断地扩大。可见，经济单元的生产效率是决定劳动要素集聚度的重要因素。劳动要素源源不断的增加为经济效率的提高与规模收益递增属性的形成提供支持条件，进而促进经济单元产生更高的全要素生产率与更大的经济价值。在人力资本外部性作用发挥的条件下，空间范围内部劳动者的生产效率与规模之间形成良性互动的关系。

其二，从人力资本外部性的视角出发提出，工业化过程中的产业高度化与分工细化是城市化推进的有利因素。而一种有助于工业化推进的城市化模式是城市规模梯度分布的格局。产业，作为经济单元生产活动内容与效率的主要标志，是决定人力资本外部性作用发挥的重要因素。一种有助于人力资本外部性作用发挥的产业构成是，现代化的服务业与专业化的工业。现代化服务业发展是劳动者知识创新活动的综合体现，是人力资本外部性作用发挥的现实土壤，是一种需要劳动者在交流合作中完成的活动。专业化的工业发展是一种技术使用先进与机器设备复杂的生产活动，是一种需要劳动者在分工细化中完成的生产活动。服务产品的生产具有知识的依赖性。劳动者在掌握已有知识的基础上，与其他劳动者进行交流与合作，经过脑力的加工与创造，进而产生出新的思想与新的产品。现代服务业的生产活动具有极大的规模收益递增属性，是一种具有累积循环性质的生产活动。在劳动要素集中分布的条件下，现代服务业能够发展与壮大，进而成为经济生活中技术创新与经济发展的重要部分。以现代服务业为主要内容的城市，其劳动要素的规模将在经济增长中不断地扩大，并成为经济体中劳动要素最为集中分布的经济单元。工业产品具有技术依赖的属性，需要劳动者在交流互动的过程中不断地研发出新的技术与新的生产工艺，需要劳动者在与机器设备的配合中完成产品的生产过程。源于工业产品具有拓宽市场需求的可能性，工业生产在保持比较优势的条件下，能够获得发展。现代工业的生产活动具有一定的规模收益递增属性，能够容纳一定数量的劳动要素。源于外部技术条件的变化与需求市场的转变，工业生产活动具有一定的周期性。以现代工业为主体的城市，其劳动要素规模在产业扩大中实现增长，在产业衰落中出现下降。城市的劳动要素具有一定的规模，但是规模扩大的潜力有限。由此，在经济规律的作用下，经济生产活动中自然形成了一种城市规模梯度分布的格局。这种分布格局是产业发展的内在要求，也是经济生活中在比较优势的基础上极大化实现经济效益的需要。分工，作为经济单元效率的集中反映，是经济单元要素集聚的主要影响因素。从纵向的角度看，在技术进步的条件下，任何经济单元都经历了一个分工水平提高的过程，由此决定了其内部要素的集聚度亦经历了一个提高的过程。从横向的角度看，不同经济单元所具有的分工属性存在不同，决定了经济单元内部微观劳动生产率与宏观产业效率的差异，进而决定了空间范围内部劳动要素集聚度的不同。正是经济单元的分工属性决定了效率的动态差异，进而引起劳动要素在空间范围内的流动，引起城市规模的动态变化。分工，是一个动态的变化过程，城市内部劳动要素的集聚度亦将随之经历一个动态的变化过程。产业的现代化水平与分工，是反映经济单元工业化水平的主要变量。劳动要素集聚度是反映城市化水平的主要变量。源于人力资本外部性作用的存在，产业现代化与劳动要素集聚存在内在的联系，工业化与城市化之间亦存在互动的关系。

其三，源于人力资本外部性作用的发挥需要一些制度土壤，管理部门应该在城市化过程中起到作用，在维持劳动力市场运行秩序的基础上，创造劳动力在空间范围内部高效、有序流动的局面，促进劳动者主观能动性与创造性的发挥，推进城市化的良性发展，增加城市化的经济效果。劳动要素，不同于一般的物质要素，其空间流动过程是一系列经济、文化、制度因素综合起作用的结果。在经济规律起作用的城市化中，劳动要素在城市内部集聚，城市规模呈现梯度分布的格局。在此过程中，劳动要素需要在一种流动成本低、信息供给充裕、劳动力市场供需匹配较快的环境中进行空间再配置。同时，城市化中经济效果实现的前提条件是，劳动要素集中分布能够产生知识外溢与创新。这是一种劳动者自主发挥、创新的结果，需要劳动者自主、理性的选择空间流动的方向与就业的城市。于是，管理部门应在完善制度环境，创造流动条件，保障劳动权益，保证公共服务供给等方面发挥作用，发挥社会资源配置优势，实现城市化的有序推进。

经济生活中知识储量的提高、生产内容的现代化、分工的细化与协调配合，是知识外溢与创新产生的基础条件，是人力资本外部性作用发挥的现实土壤，是现代部门要素生产率与有效劳动需求增加的动力源泉。从空间横向看，各经济单元的人力资本储量、产业结构与分工水平存在着差异，引起生产效率的差异与城市化水平的不同。从时间纵向看，经济体内部人力资本储量、产业结构与分工水平走向优化的过程，引起经济体城市化水平整体的提高。从另一个视角看，城市化亦是劳动生产率提高与产业经济价值升级的主要动力，是经济体全要素生产率增加的有效途径。在劳动要素走向集聚的过程中，劳动者禀赋提高、生产内容更新、消费品形态改变，生产活动中消费品质量提升、服务产品价值增加，进而实现工业化速度的加快、经济发展质量的提高。可见，在目前的经济发展阶段上，城市化中出现的劳动要素集聚分布模式，是经济生活中劳动者自主选择的结果，是一种具有更大经济效益的资源配置模式。城市化中劳动要素集聚既是经济规律起作用的结果，也是经济效益提高的一种途径。把握城市化的时代特点，顺应城市化的发展规律，为劳动要素集聚提供支持条件，让更多的劳动者参与到城市化进程中来，充分发挥劳动者的生产潜能，改善要素的生产效率，促进产业结构的优化，实现经济的良性循环发展。

参 考 文 献

1. [英]阿尔弗雷德·马歇尔著:《经济学原理》,湖南文艺出版社 2012年版。

2. [印度]阿玛蒂亚·森著:《伦理学与经济学》,商务印书馆 2000 年版。

3. [美]保罗·克鲁格曼著:《发展、地理学与经济理论》,北京大学出版社 2000 年版。

4. 蔡昉:《刘易斯转折点后的农业发展政策选择》,载《中国农村经济》2008 年第 8 期。

5. 蔡昉:《中国经济改革效应分析——劳动力重新配置的视角》,载《经济研究》2017 年第 7 期。

6. 蔡昉:《二元经济作为一个发展阶段的形成过程》,载《经济研究》2015 年第 7 期。

7. 陈昆亭、周炎:《创新补偿性与内生增长可持续性理论研究》,载《经济研究》2017 年第 7 期。

8. 邓大才:《社会化小农:动机与行为》,载《华中师范大学学报(社会科学版)》2006 年第 3 期。

9. [德]弗里德里希·李斯特著:《政治经济学的国民体系》,商务印书馆 1961 年版。

10. 方竹兰:《知识经济与人力资本产权——中关村企业产权制度创新的理性思考》,载《经济学动态》1998 年第 12 期,第 23-26 页。

11. 高帆：《农业劳动生产率提高的国际经验与中国的选择》，载《复旦学报(社会科学版)》2015 年第 1 期。

12. 黄乾：《论人力资本产权与有效利用》，载《经济纵横》2002 年第 10 期，第 45-49 页。

13. [美]简·雅各布斯著：《美国大城市的死与生》，译林出版社 2006 年版。

14. 李晓澜、宋继清：《二元经济理论模型评述》，载《山西财经大学学报》2004 年第 1 期，第 14-19 页。

15. 林毅夫：《小农与经济理性》，载《农村经济与社会》1988 年第 3 期。

16. 吕玉印：《城市发展的经济学分析》，上海三联书店 2000 年版。

17. 李小瑛、陈广汉、张应武：《中国城镇地区高等教育外部回报率估算》，载《世界经济文汇》2010 年第 1 期。

18. 李继刚：《社区理性和市场理性：小农理性的演化》，载《湖南农业大学学报(社会科学版)》2012 年第 6 期。

19. 刘纯阳：《西方人力资本理论的发展脉络》，载《山东农业大学学报(社会科学版)》2004 年第 4 期。

20. 马旭东、史岩：《福利经济学：缘起、发展与解构》，载《经济问题》2018 年第 2 期。

21. 牛若峰：《中国农业产业化经营的发展特点与方向》，载《中国农村经济》2002 年第 5 期。

22. 饶旭鹏：《国外农户经济理论研究述评》，载《江汉论坛》2011 年第 4 期。

23. 沈满洪、何灵巧：《外部性的分类及外部性理论的演化》，载《浙江大学学报(人文社会科学版)》2002 年第 1 期。

24. 孙三百：《城市移民收入增长的源泉：基于人力资本外部性的新解释》，载《世界经济》2016 年第 4 期，第 170-192 页。

25. [美]西奥多·舒尔茨著：《改造传统农业》，商务印书馆 2006 年版。

26. [美]西奥多·舒尔茨著：《论人力资本投资》，北京经济学院出版社

1990 年版。

27. 王静、霍学喜：《农户技术选择对其生产经营收入影响的空间溢出效应分析——基于全国七个苹果主产省的调查数据》，载《中国农村经济》2015 年第 1 期。

28. 王志刚、郭凤林和张璟：《西方学者对詹姆斯·布坎南学术贡献的若干评价》，载《经济学动态》2013 年第 6 期。

29. [美]西奥多·舒尔茨著：《报酬递增的源泉》，中国人民大学出版社 2001 年版。

30. 肖殿荒、何穗著：《微观经济学》，中国经济出版社 2005 年版。

31. 谢宇著：《回归分析(修订版)》，社会科学文献出版社 2013 年版。

32. [美]约翰·梅纳德·凯恩斯著：《就业、利息和货币通论》，华夏出版社 2005 年版。

33. [英]亚当·斯密著：《国富论》，上海三联书店出版社 2009 年版。

34. 杨公朴、夏大慰著：《现代产业经济学》，上海财经大学出版社 1999 年版。

35. 曾湘泉：《劳动经济学》，复旦大学出版社 2010 年版。

36. 郑秉文：《外部性的内在化问题》，载《管理世界》1992 年第 5 期。

37. 朱彤：《外部性、网络外部性与网络效应》，《经济理论与经济管理》2001 年第 11 期。

38. 张永强、才正和张璐：《农业龙头企业对家庭农村知识溢出效应研究——以黑龙江省为例》，载《农业经济问题》2014 年第 11 期。

39. 张中军、易中懿：《农业生产性服务外包对水稻生产率的影响研究——基于 258 个农户的实证分析》，载《农业经济问题》2015 年第 10 期。

40. 张敦富主编：《城市经济学原理》，中国轻工业出版社 2005 年版。

41. Au C. and Henderson J. V., "Are Chinese Cities too Small?", The Review of Economic Studies, 2006, 73(3)：549-576.

42. Angel D. P., "The Labor Market for Engineers in the US. Semiconductor

Industry", Economic Geography, 1989, 65(2): 99-112.

43. Audretsch D. B., "Agglomeration and the Location of Innovative Activity", Oxford Review of Economic Policy, 1998, 14(2): 18-29.

44. Acemoglu D., "A Micro foundation for Social Increasing Returns in Human Capital Accumulation", The Quarterly Journal of Economics, 1996, 111(3): 779-804.

45. Acemoglu D. and Angrist J., "How Large Are Human-Capital Externalities? Evidence from Compulsory Schooling Laws", NBER Macroeconomics Annual, 2000, 15: 9-59.

46. Bacolod M. and Blum B. S., "Skills in the City", Journal of Urban Economics, 2009, 65(2): 136-153.

47. Battu H., Belfield C. R. and Sloane P. J., "Human Capital Spillovers in the Workplace: Evidence for the Service Sector in Britain", International Journal of Manpower, 2004, 25(1): 123-138.

48. Black D. and Henderson V., "A Theory of Urban Growth", Journal of Political Economy, 1999, 107(2): 252-284.

49. Barkley D. L. and Henry M. S., "Rural industrial Development: To Cluster or Not to Cluster?", Review of Agricultural Economics, 1997, 19 (2): 308-325.

50. Borukhov E., "On the Urban Agglomeration and Economic Efficiency: Comment", Economic Development and Cultural Change, 1975, 24 (1): 199-205.

51. Becker G. S. and Murphy K. M., "The Division of Labor, Coordination Costs, and Knowledge", The Quarterly Journal of Economics, 1992, 107(4): 1137-1160.

52. Behrens K., Duranton G. and Robert-Nicoud Frederic, "Productive Cities: Sorting, Selection, and Agglomeration", Journal of Political Economy, 2014, 122(3): 507-553.

53. Broersma L., Edzes A. J. E. and Dijk J. V., "Human Capital Externalities: Effects for Low-Educated Workers and Low-Skilled Jobs", Regional Studies, 2016, 50(10): 1675-1687.

54. Barro R., "Human Capital and Growth", The American Economic Review, 2001, 91(2): 12-17.

55. Berry S. and Waldfogel J., "Product Quality and Market Size", The Journal of Industrial Economics, 2010, 58(1): 1-31.

56. Becker S. O., Hornung E. and Woessmann L., "Education and Catch-up in the Industrial Revolution", American Economic Journal: Macroeconomics, 2011, 3(3): 92-126.

57. Bresnahan T. F., Brynjolfsson E. and Hitt L. M., "Information Technology, Workplace Organization and the demand for skilled labor: Firm-Level Evidence", The Quarterly Journal of Economics, 2002, 117(1): 339-376.

58. Brezis E. S. and Krugman P. R., "Technology and the Life Cycle of Cities", Journal of Economic Growth, 1997, 2(4): 369-383.

59. Ciccone A. and Hall R. E., "Productivity and the Density of Economic Activity", The American Economic Review, 1996, 86(1): 54-70.

60. Czaller L., "Increasing social returns to human capital: evidence from Hungarian regions", Regional Studies, 2017, 51(3): 467-477.

61. Capo-Viced J. Molina-Morals F. X. and Capo J., "The Role of Universities in making industrial districts more dynamic. A case study in Spain", Higher Education, 2013, 65(4): 417-435.

62. Caniels M. C. J. and Romijn H. A., "What drives innovativeness in industrial clusters? Transcending the debate", Cambridge Journal of Economics, 2005, 29(4): 497-515.

63. Dykstra J. W., "The Population Problem of the Netherlands", The American Journal of Economics and Sociology, 1958, 17(3): 287-294.

64. Davis K. and Casis A., "Urbanization in Latin America", The Milbank Memorial Fund Quarterly, 1946, 24(2): 186-207.

65. Davis M. A., Fisher J. D. M. and Whited T. M., "Macroeconomic implications of Agglomeration", Econometrica, 2014, 82(2): 731-764.

66. Ellison G., Glaeser E. L. and Kerr W. R., "What Causes Industry Agglomeration? Evidence from Coagglomeration Patterns", The American Economic Review, 2010, 100(3): 1195-1213.

67. Eeckhout J. and Jovanovic B., "Knowledge Spillover and Inequality", The American Economic Review, 2002, 92(5): 1290-1307.

68. EatonJ. And Kortum S., "Trade in Ideas: Patenting and Productivity in the OECD", NBER Working Paper No. 5049, 1995.

69. Fallick B., Fleischman C. A. and Rebitzer J. B., "Job-Hopping in Silicon Valley: Some Evidence concerning the Microfoundations of a High-Technology Cluster", The Review of Economics and Statistics, 2006, 88(3): 472-481.

70. Forman C., Goldfarb A. and Greenstein S., "Agglomeration of Invention in the Bay Area: Not just ICT", The American Economic Review, 2016, 106(5): 146-151.

71. Fujita M., Henderson J. V., Kanenoto Y. and Mori T., "Spatial Distribution of Economic Activities in Japan and China", Article in Handbook of Regional and Urban Economics, 2004.

72. Fung M. K., "Are Knowledge Spillovers Driving the Convergence of Productivity among firms?", Economica, 2005, 72(286): 287-305.

73. Fan W, Ma Y. and Wang L., "Do we need more public investment in higher education? Estimating the external returns to higher education in China", Asian Economic Papers, 2015: 87-104.

74. Glaeser E. L. and Gottlieb J. D., "The Wealth of Cities: Agglomeration Economies and Spatial Equilibrium in the United States", Journal of

Economic Literature, 2009, 47(4): 983-1028.

75. Glaeser E. L., "Growth in cities", Journal of Political Economy, 1992, 100(6): 1126-1152.

76. Glaeser E. L. and Mare D. C., "Cities and Skills", Journal of Labor Economics, 2001, 19 (2): 316-342.

77. Glaeser, E. L., "Learning in Cities", Journal of Urban Economics, 1999, 46: 254-277.

78. Glaeser E. L. and Mare D. C., "Cities and Skills", Journal of Labor Economics, 2001, 19 (2): 316-342.

79. Garcia F. W. and Hidalgo M., "Estimating Human Capital Externalities: The Case of the Spanish Provinces: 1995-2010", Revista Economia Aplocada, 2016, 24(71): 5-37.

80. Gill I. S. and Kharas H., "An East Asian Renaissance: Ideas for Economic Growth", The International Bank for Reconstruction and Development/The World Bank, 2007.

81. Glaeser E. L., "Making Cities Work: Prospects and Policies for Urban American", Princeton University Press, 2009.

82. Grove W. A. and Heinicke C., "Better Opportunities or Worse? The Denise of Cotton Harvest Labor, 1949-1964", The Journal of Economic History, 2003, 63(3): 736-767.

83. Heuermann D., "Human Capital Externalities in Western Germany", Spatial Economic Analysis, 2011, 6(2): 139-165.

84. Henderson J. V., "Marshall's Scale Economies", Journal of Urban Economics, 2003, 53: 1-28.

85. Henderson J. V., "The Size and types of cities", The American Economic Review, 1974, 64(4): 640-656.

86. Henderson J. V., "Industrial Base and City Size", The American Economic Review, 1983, 73(2): 164-168.

87. Hall P., "New Trends in European Urbanization", The Annals of the American Academy of Political and Social Science, 1980, 451: 45-51.

88. Henderson J. V., "Industrial Development in Cities", Journal of Political Economy, 1995, 103(5): 1067-1090.

89. Hashino T. and Kurosawa T., "Beyond Marshallian Agglomeration Economies: The Roles of Trade Associations in Meiji Japan", The Business History Review, 2013, 87(3): 489-513.

90. Irwin D. A. and Klenow P. J., "Learning-by-Doing Spillovers in the Semiconductor Industry", Journal of Political Economy, 1994, 102(6): 1200-1227.

91. Ito H. and Tabata K., "The Spillover effects of population aging, international capital flows and welfare", Journal of Population Economics, 2010, 23(2): 665-702.

92. Jovanovic B. and MacDonald G. M., "The Life Cycle of a competitive industry", Journal of Political Economy, 1994, 102(1): 24-52.

93. Jaffe A., "Technological Opportunity and Spillovers of R&D: Evidence from Firm's Patents, Profits and Market Value", The American Economic Review, 1986: 984-1001.

94. Jaffe A., "Trajtenberg Manuel and Rebecca Henderson. Geographic Localization of Knowledge Spillovers as Evidence by Patent Citations", The Quarterly Journal of Economics, 1993, 108(3): 577-598.

95. Jaffe A. and Trajtenberg M., "International Knowledge Flows: Evidence from Patent Citations", NBER Working Papers No. 6507. 1998.

96. Jenkins J. C., Leicht K. T. and Jaynes A., "Do High Technology Policies Work? High Technology Industry Employment Growth in U. S. Metropolitan Areas, 1988-1998", Social Forces, 2006, 85(1): 267-296.

97. Kahn J. A. and Lim J. S., "Skilled Labor-Augmenting Technical

Progress in U. S. Manufacturing", The Quarterly Journal of Economics, 1998, 113(4): 1281-1308.

98. Kantor S. Whalley A., "Knowledge Spillovers from Research Universities: Evidence from Endowment Value Shocks", Review of Economics and Statistics, 2014, 96(1): 171-188.

99. Krugman P. R., "Increasing Returns and Economic Geography", Journal of Political Economy, 1991, 99(3): 483-499.

100. Lambooy J. G., "Knowledge production, organization and agglomeration economies", Geo Journal, 1997, 41(4): 293-300.

101. Liu Z., "The External Returns to education: Evidence from Chinese Cities", Journal of Urban Economics, 2007, 61: 542-564.

102. Lewis W. A., "Economic Development with Unlimited Supplies of labor", Manchester School of Economic and Social Studies, 1954(2): 139-191.

103. Lucas R. E., "On the Mechanics of Economic Development", Journal of Monetary Economics, 1988, 22: 3-42.

104. Malecki E. J., "Industrial Location and Corporate Organization in High Technology Industries", Economic Geography, 1985, 61 (4): 345-369.

105. Moretti E., "Human Capital Externalities in Cities", NBER Working Paper No. 9641. 2003.

106. Moretti E., "Estimating the social return to higher education: evidence from longitudinal and repeated cross-sectional data", Journal of Econometrics, 2004, 121: 175-212.

107. Mera K., "On the Urban Agglomeration and Economic Efficiency", Economic Development and Cultural Change, 1973, 21(2): 309-324.

108. Mera K., "On the Urban Agglomeration and Economic Efficiency: Reply", Economic Development and Cultural Change, 1975, 24(1):

207-210.

109. Mayhew K., "Government and business: an introduction", Oxford Review of Economic Policy, 2013, 29(2): 249-260.

110. Martins P. S. and Jin J. Y., "Firm-level Social Returns to Education", Journal of Population Economics, 2010, 23(2): 539-558.

111. Myrdal G., "Economic Theory and Under-Developed Regions", London: Duckworth, 1975.

112. MacLennan M. C., "Regional Planning in France", The Journal of Industrial Economics, 1965, 13: 62-75.

113. Martin P. and Ottaviano G. I. P., "Growth and Agglomeration", International Economic Review, 2001, 42(4): 947-968.

114. Nathan M. and Overman H., "Agglomeration, Clusters, and Industrial Policy", Oxford Review of Economic Policy, 2013, 29(2): 383-404.

115. Pankaj G. and Michael S. A., "Learning Curve Spillovers and Market Performance", Quarterly Journal of Economics. supp., 1985, 100: 839-52.

116. Propris L. D. and Driffield N., "The importance of clusters for spillovers from foreign direct investment and technology sourcing", Cambridge Journal of Economics, 2006, 30(2): 277-291.

117. Peralta E. M. V., "Human Capital Externalities in Mexico", Terimstre Economico, 2016, 83(332): 747-788.

118. Parto S., "Innovation and Economic Activity: An Institutional Analysis of the Role of Clusters in Industrializing Economies", Journal of Economic Issues, 2008, 42(4): 1005-1030.

119. Roca D. L. and Puga J. D., "Learning by Working in Big Cities", Review of Economic Studies, 2017, 84(1): 106-142.

120. Rauch J. E., "Productivity Gains from Geographic Concentration of Human Capital: Evidence from the Cities", NBER working paper

No. 3905, 1991.

121. Reenen J. V. , "Employment and Technological Innovation: Evidence from U. K. Manufacturing Firms", Journal of Labor Economics, 1997, 15(2): 255-284.

122. Rosenthal S. and Strange W. C. , "Evidence on the Nature and Sources of Agglomeration Economics", Handbook of Urban and Regional Economics, 2004.

123. Rantisi N. M. , "The Competitive Foundations of Localized Learning and Innovation: The Case of Garment Production in New York City", Economic Geography, 2002, 78(4): 441-462.

124. Romer P. M. , "Increasing Returns and Long-Run Growth", Journal of Political Economy, 1986, 94(5): 1002-1037.

125. Romer P. M. , "Growth Based on Increasing Returns Due to Specialization", The American Economic Review, 1987, 77(2): 56-62.

126. Romer P. M. , "Endogenous Technological Change", Journal of Political Economy, 1990, 98(5): S71-S120.

127. Rauch J. , "Productivity Gains from Geographic Concentration of Human Capital: Evidence from the Cities", NBER working paper, No. 3905. 1991.

128. Ruttan V. W. , "Agricultural Research Policy", University of Minnesota Press, 1982.

129. Romer P. M. , "Increasing Returns and Long-run Growth", Journal of Political Economy, 1986, 94: 1002-1037.

130. Rosenthal S. and Strange W. C. , "Geography, Industrial Organization, and Agglomeration", The Review of Economics and Statistics, 2003, 85(2): 377-393.

131. Segal D. , "Are there returns to scale in city size?", The Review of

Economics and Statistics, 1976, 58(3): 339-350.

132. Simmie J. and Sennett J., "Innovative clusters: global or local linkages?", National Institute Economic Review, 1999, 170: 87-98.

133. Sudekum J., "Human Capital Externalities and Growth of High- and Low- Skilled Jobs", Journal of Economics and Statistics, 2010, 230 (1): 92-114.

134. Shapiro J. M., "Smart Cities: Quality of Life, Productivity, and the Growth Effects of Human Capital", The Review of Economics and Statistics, 2006, 88(2): 324-335.

135. Sveikauskas L., "The Productivity of Cities", The Quarterly Journal of Economics, 1975, 89(3): 393-413.

136. Sedgley N. and Elmslie B., "Do we still need cities? Evidence on Rates of Innovation from Count Data Models of Metropolitan Statistical Area Patents", The American Journal of Economic and Sociology, 2011, 70(1): 86-108.

137. Sedgley N. and Elmslie B., "Agglomeration and Congestion in the Economics of Ideas and Technological Change", The American Journal of Economics and Sociology, 2001, 60(1): 101-121.

138. Sovani N. V., "The Analysis of Over-Urbanization", Economic Development and Cultural Change, 1964, 12(2): 113-122.

139. Smeets R., "Collecting the Pieces of the FDI Knowledge Spillovers Puzzle", The World Bank Research Observer, 2008, 23(2): 107-138.

140. Scitovsky T., "Two Concepts of External Economics", The Journal of Political Economy, 1954, 62(2): 143-151.

141. Taylor J. E., "Diane Charlton and Antonio Yunez-Naude, The End of Farm Labor Abundance", Applied Economic Perspectives and Policy, 2012, 34(4): 587-598.

142. Wheeler C. H., "Search, Sorting, and Urban Agglomeration", Journal of Labor Economics, 2001, 19(4): 879-899.

143. Williamson J. G., "Capital Accumulation, Labor Saving, and Labor Absorption Once More", The Quarterly Journal of Economics, 1971, 85(1): 40-65.

144. Winters J. V., "Why Are Smart Cities Growing? Who Moves and Who Stays", Journal of Regional Science, 2011, 51(2): 253-270.

145. Yang X. and Shi H., "Specialization and Product Diversity", The American Economic Review, 1992, 82(2): 392-398.